G. Kecker

**Vergleichende Studien über Eisenbahnsignalwesen**

G. Kecker

**Vergleichende Studien über Eisenbahnsignalwesen**

ISBN/EAN: 9783743391246

Hergestellt in Europa, USA, Kanada, Australien, Japan

Cover: Foto ©ninafisch / pixelio.de

Manufactured and distributed by brebook publishing software (www.brebook.com)

G. Kecker

**Vergleichende Studien über Eisenbahnsignalwesen**

# Vergleichende Studien

über

# Eisenbahn-Signalwesen

unter besonderer Berücksichtigung

der

## deutschen, englischen, französischen und belgischen Signal-Einrichtungen

von

### G. Kecker,

Kaiserlicher Baurath und Eisenbahn-Betriebs-Inspector zu Metz

---

Wiesbaden.
Verlag von J. F. Bergmann.
1883.

Das Recht der Uebersetzung bleibt vorbehalten.

# Vorwort.

Die Literatur des Eisenbahn-Signalwesens weist bis jetzt nur Beschreibungen einzelner Systeme und Vorrichtungen auf. Dasselbe von einem **allgemeinen Gesichtspunkte** aus in möglichst erschöpfender Weise zu behandeln, ist der Zweck der vorliegenden Arbeit.

Bei der ausserordentlichen Fülle des zu bearbeitenden Stoffes konnte von einem näheren Eingehen auf technische Details umsomehr Abstand genommen werden, als bei dem heutigen Stande der Technik jede Einrichtung, welche in ihrem Wesen als zweckmässig erkannt ist, ohne Schwierigkeiten construirt werden kann.

In dem nachfolgenden Werkchen, welches in erster Linie vom **Standpunkte des Betriebsbeamten** aus geschrieben ist, haben **ausser der deutschen Signalordnung** die Systeme von **französischen, belgischen und englischen Bahnen**, zu deren Studium ich hier in Metz vielfach Gelegenheit und Veranlassung hatte, besondere Berücksichtigung gefunden.

Ich habe mich nicht auf vergleichende Beschreibungen beschränkt, sondern dasjenige hervorgehoben, was zu erstreben und was zu vermeiden ist. Die Resultate, zu welchen ich gelangt bin, beruhen auf rein practischen Erwägungen und sind lediglich für die Praxis bestimmt. Bei fast allen Bahnen genügen neuerdings die bestehenden Signaleinrichtungen den Anforderungen des sich steigernden Verkehres nicht mehr, und das Bedürfniss durchgreifender Aenderungen macht sich namentlich seit der häufigeren Anwendung von Centralapparaten immer stärker geltend. Da über die einzuschlagenden Wege vielfache Meinungsverschiedenheiten bestehen, habe ich es unternommen, zur Klärung der brennenden Frage das meinige beizutragen. Ich bitte meine Arbeit als einen Versuch in dieser Richtung freundlich aufzunehmen.

*Der Verfasser.*

# Inhalt.

                                                                Seite

I. Ueber die Verständigung zwischen Signalwärter und Locomotivführer . . . . . . . . . . . . . . . . 5

II. Ueber die Verständigung der Signalwärter untereinander . 33

III. Französisches Blocksystem — Electrosemaphoren . . . . 42

IV. Englisches Signalsystem . . . . . . . . . . . . . 49

V. Belgisches Signalsystem . . . . . . . . . . . . . 58

VI. Schlussbetrachtungen und Deutsche Signalordnung . . . 64

**I.** Beim Betriebe von Eisenbahnen besteht das Bedürfniss, zwischen dem Bahnbewachungs-Personale einerseits und dem Locomotivführer anderseits eine Verständigung herzustellen, um letzteren von dem Zustande der Bahn zu unterrichten und demselben in Bezug auf den Gang der Züge bestimmte Befehle zukommen zu lassen. *Einleitung.*

Diese Befehle beschränken sich in der Regel auf die Mittheilung: *Allgemeines.*
1) der Zug kann passiren — Bahn fahrbar — Strecke frei;
2) der Zug soll langsam fahren — Vorsicht;
3) der Zug muss halten — Strecke besetzt — Gefahr.

Anfangs wurden diese Signale ausschliesslich durch ausgestellte Posten gegeben, welche sich hierfür allgemein
bei Tage: farbiger Fahnen,
bei Nacht: verschiedenfarbig geblendeter Laternen
bedienten.

Später traten feststehende optische Signale hinzu.

Nach den von den Gebrüdern Chappe in Bezug auf optische Signale gemachten Versuchen haben sich folgende wesentliche Punkte ergeben:
1) die Sichtbarkeit eines Gegenstandes ist dem Quadrate seiner Entfernung umgekehrt proportional;
2) die Sichtbarkeit eines beleuchteten Gegenstandes nimmt mit der Quadratwurzel aus seiner Fläche und aus der Intensität der Beleuchtung ab;

3) eine Fläche von länglicher Form sieht man weiter als eine gleich grosse Fläche von quadratischer oder runder Form;

4) alle Farben beleuchteter Flächen verschwinden bei gewisser Beleuchtung;

5) ein gegen den Horizont projectirter Gegenstand von 1,75 m Länge und 0,40 m Breite ist bei mittlerem Zustande der Atmosphäre noch auf 7,5 km Entfernung mit blossem Auge sichtbar;

6) die Sichtbarkeit verschiedener Flammen verhalten sich bei gleicher Intensität wie folgt:

Sichtbarkeit der weissen Flamme $= 1$;
„ „ rothen „ $= 1/3$;
„ „ grünen „ $= 1/5$;
„ „ blauen „ $= 1/7$;

7) Flammen gleicher Farbe rinnen in ein Bild zusammen, wenn ihr Abstand von einander nicht mehr als $1/1000$ der Sehweite beträgt;

8) Flammen verschiedener Farbe sind so lange zu unterscheiden, als die schwächste Flamme sichtbar ist;

9) die Bewegung eines Lichtes bei Nacht ist unsichtbar, wenn sich nicht ein ruhendes in der Nähe befindet.

*Der Signalfarben Werth und Bedeutung.*

Weiss, roth und grün haben sich als die zweckmässigsten Signalfarben erwiesen.

Weisses Licht kann man bei Nacht auf 7 bis 8 km deutlich unterscheiden; dasselbe hat aber den Nachtheil, dass es, namentlich in der Nähe bewohnter Gebäude und besonders grösserer Städte, zu Verwechselungen leicht Veranlassung geben kann. Wenn eine solche Verwechselung die Gefährdung eines Zuges auch nicht zur Folge haben kann, erscheint sie doch immerhin nicht wünschenswerth.

Die Sichtbarkeit des rothen Lichtes beträgt zwar

nur ein Drittel, die des grünen Lichtes ein Fünftel von der Sichtweite des weissen Lichtes; beide Farben geben aber ein sehr deutliches, nicht zu verkennendes Signal.

Andere Farben, auch blau, haben sich weniger bewährt, da sie schon auf geringere Entfernungen nicht mehr genügend zu unterscheiden sind, und mit anderen Farben leicht verwechselt werden können.

Man wendet ausschliesslich das rothe Licht, bezw. die rothe Farbe da an, wo man vor Gefahr warnen will, das grüne Licht, bezw. die grüne Farbe da, wo man zur Vorsicht auffordert, und wird daher das Signal „Halt" durch eine rothe Fahne, bezw. rothes Licht — „Langsam fahren" durch eine grüne Fahne, bezw. grünes Licht gegeben.

In dem Maasse als der Eisenbahn-Verkehr sich ent- *Feststehende* wickelte, hielt man es für nothwendig, an besonders *optische Signale.* gefährdeten Punkten auf der Strecke, an Abzweigungen und an der Einfahrt in die Bahnhöfe feststehende optische Signale zu errichten, welche in grossen Kreisen sichtbar, leicht zu handhaben und zu controliren sind. Dieselben haben vor akustischen Signalen den grossen Vorzug, dass sie ein bestimmtes Zeichen dauernd festhalten können, verlieren jedoch durch jede Trübung der Atmosphäre an Deutlichkeit und können bei Nachtzeit zu Täuschungen leicht Veranlassung geben.

Die Handsignale mit der Fahne oder Laterne sind als Hülfssignale auf der Strecke und auf den Bahnhöfen, sowie namentlich beim Rangiren beibehalten worden.

Die Art und Weise der Anwendung, sowohl der *Gebrauch der* Handsignale als auch der feststehenden optischen Signale, *Signale.* welche bei einzelnen Bahnen noch jetzt in Gebrauch ist, um eine gefahrdrohende Annäherung einzelner Züge gegeneinander zu verhindern, ist folgende:

**Zeit-Distanz.** Für den Zeitraum, innerhalb dessen ein Zug einem anderen auf demselben Geleise folgen darf, ist eine bestimmte Anzahl Minuten festgesetzt; während derselben muss dem nachfolgenden Zuge zunächst das Signal „Halt", dann nach Ablauf dieser Zeit das Zeichen „Langsam fahren" gegeben werden. Diese Zeichen deuten also dem Locomotivführer an, dass der vorhergehende Zug denjenigen Wärterposten, von welchem sie gegeben worden, erst vor einer bestimmten Anzahl Minuten passirt hat, der Zug also vorsichtig weiterfahren muss. Wo sich der vorhergehende Zug befindet, darüber fehlt jede Gewissheit. Der Locomotivführer ist daher genöthigt, so lange langsam zu fahren, und zwar langsamer als es die im Fahrplane vorgesehene Fahrzeit vorschreibt, bis er die vorliegende Strecke auf eine genügend grosse Entfernung als frei erkennen kann. Man begreift leicht, mit welchem Gefühl der Unsicherheit der Locomotivführer, namentlich in coupirtem Terrain, weiterfährt und wie sehr die Regelmässigkeit des Betriebsdienstes darunter leiden kann, indem die durch vorangegangenes Langsamfahren verursachte Verspätung später durch Vergrösserung der Geschwindigkeit nicht immer einzuholen ist. So lange die Zahl der Züge, welche eine Strecke passirten, gering, die Fahrgeschwindigkeit derselben eine mässige, und namentlich wenn, wie in Deutschland, die Strecke mit Bahnwärtern hinreichend besetzt war, so dass dieselben untereinander Fühlung hatten, hielt man diese Vorsichtsmaassregel für ausreichend. Es ist jedoch nicht in Abrede zu stellen und mehrfach durch bedeutende Unfälle bestätigt worden, dass das System des Zeitabstandes eine genügende Sicherheit für den Betrieb nicht bietet; denn wenn wegen eines Defectes an der Maschine oder aus irgend einer anderen Veranlassung, **namentlich bei einem Unfall**, ein Zug in seinem Gange aufgehalten wird, kann derselbe durch einen nachfolgenden Zug erreicht werden, bevor das Zug-Personal die zur Sicherung des Zuges nothwendigen, durch das Reglement vorgeschriebenen Sicherheitsmaassregeln ergriffen hat, wenn es hierzu überhaupt im Stande ist.

Sobald die Anwendung der Electricität im Eisenbahnwesen es gestattete, ist man dazu übergegangen, statt des Zeitabstandes einen bestimmten räumlichen Abstand zwischen den einzelnen Zügen — die **Stationsdistanz** bezw. das **Blocksystem** — einzuführen, und ist dieses Princip zuerst und im vollkommensten Maasse bei den englischen Bahnen, welche unter dem vielfach herrschenden, dichten und undurchsichtigen Nebel mehr zu leiden haben als die Bahnen des Festlandes, ausgebildet worden, während die französischen Bahnen das Princip des Zeitabstandes festgehalten und weiter ausgebildet haben.

*Stations-Distanz. Blocksystem.*

Es besteht aber auch noch ein anderer, sehr wesentlicher Unterschied in den Signalsystemen dieser beiden Länder. Bei den englischen Bahnen ist die **Normalstellung** der feststehenden Signale auf „Halt" vorgeschrieben, bei den französischen Bahnen dagegen auf „freie Fahrt". Bei den englischen Bahnen stehen die feststehenden Signale auf „Halt" und werden nur auf „freie Fahrt" gestellt, um einen Zug oder eine Maschine passiren zu lassen, und dann sofort wieder auf „Halt" gestellt, während bei den französischen Bahnen die Streckensignale in der Regel geöffnet sind und nach Passiren eines jeden Zuges nur vorübergehend auf eine bestimmte Zeit geschlossen werden.

*Unterschied zwischen dem englischen und französischen Signalsystem.*

Bei den französischen Bahnen bedeutet die **Abwesenheit jedes Signals, dass die Bahn frei ist,** dass also die Hauptgeleise ungehindert befahren werden können, hingegen ist bei den englischen Bahnen das **Fehlen eines Signals an einer Stelle, wo gewöhnlich ein Signal gegeben wird, oder ein unvoll-**

kommen gestelltes Signal als ein Gefahrsignal anzusehen und demgemäss zu behandeln.

Es ist nicht uninteressant, zu vergleichen, zu welchen Resultaten Engländer und Franzosen, welche bei der Ausbildung ihrer Signalsysteme von verschiedenen Gesichtspunkten ausgegangen, gelangt sind.

---

*Geschwindigkeit der Züge. Erforderliche Entfernung und Zeit, um dieselben zum Halten zu bringen.*

Der Locomotivführer eines mit einer Geschwindigkeit von 60—75 km pro Stunde fahrenden Personenzuges, der also für Zurücklegung eines Weges von 1000 m nur 48—60 Secunden Zeit braucht, ist, wenn ihm plötzlich ein Haltsignal entgegentritt, nicht im Stande, den Zug sofort zum Stehen zu bringen. Um mittelst gewöhnlicher Bremsvorrichtungen einen mit der vorstehend angegebenen Geschwindigkeit fahrenden Personenzug auf horizontaler Strecke zum Stillstande zu bringen, ist eine Entfernung von etwa 350 m und eine Zeit von 40—42 Secunden erforderlich. Rechnet man nun noch hinzu, dass von dem Augenblicke an, wo der Führer ein geschlossenes Haltsignal bemerkt, bis zu dem Zeitpunkte, wo sämmtliche Bremsen fest angezogen sind, 8 Secunden vergehen, der Zug aber in 1 Secunde 16—20 m zurücklegt, so erhöht sich die angegebene Entfernung noch um 100—160 m, also auf 450—510 m. Bei Schnellzügen, welche mit einer Geschwindigkeit von 80—90 km in der Stunde gefahren werden, wird diese Entfernung auf 732 m angegeben.

*Sichtbarkeit der Signale.*

Es ist hierbei noch zu berücksichtigen, dass ein schnellfahrender Zug schon eine gewisse Strecke während der Zeit zurücklegt, in welcher das Auge des Locomotivführers den Eindruck des geschlossenen Signals in sich aufnimmt, der Locomotivführer demnach dieses Signal oder ein Hinderniss auf der Bahn erst auf eine geringere Entfernung wahrnimmt, als eine stehende oder sich langsam bewegende Person. Da nun bei trübem Wetter und

namentlich bei dichtem Nebel die Signale bezw. Signallaternen kaum bis zu 50 m Entfernung sichtbar sind, der Rauch der eigenen oder einer im Nebengeleise fahrenden Locomotive auch vielfach den Locomotivführer hindert, die Signale deutlich zu erkennen, so ergiebt sich hieraus, dass, wenn man einen bestimmten Punkt durch entsprechende Signale decken will, das erste Signal unter gewöhnlichen Verhältnissen mindestens 500 m und bei Schnellzügen 750 m von diesem Punkte aufgestellt werden muss, damit, wenn ein Locomotivführer bei dichtem Nebel das geschlossene Signal überfahren sollte, der Zug nicht in Gefahr gebracht wird.

Eine zu grosse Entfernung der Signale hat aber andererseits auch ihre Missstände. Es giebt Stationen, bei denen der zu schützende Punkt — Einfahrtsweiche, Geleisekreuzung — 400—500 m von dem Stationsbureau entfernt ist, und wenn nun noch das deckende Signal mehr als 500 m von diesem Punkte entfernt aufgestellt wird, so beträgt die Gesammtentfernung ca. 1000 m. Denkt man sich nun, dass ein Zug auf diese Entfernung vom Stationsbureau aus irgend einem Grunde vor einem geschlossenen Signale hält, und dass diese Station in dem betreffenden Augenblicke überhaupt nur mit einem Beamten besetzt ist, so wird es äusserst schwierig sein, eine Verständigung zwischen Stationsbeamten und Zugpersonal herzustellen, da ein Mann mindestens 10—12 Minuten braucht, um den Weg vom Zuge zum Stationsbureau oder umgekehrt zurückzulegen. Was wird nun geschehen? Der Locomotivführer wird zunächst das Stationspersonal durch Pfeifen auf die Anwesenheit des Zuges aufmerksam zu machen suchen. Erfolgt hierauf seitens der Station nichts, so hat der Zugführer zu erwägen, ob er den Zug, welcher vor dem Signale, also auf freier Strecke, hält, gegen möglicherweise nachfolgende Züge nach rückwärts

*Entfernung zwischen Signal und Station.*

*Uebelstände zu entfernt aufgestellter Signale.*

zu decken hat. Die Stationsdistanz, in welcher die Züge eventuell auf einander zu folgen haben, bietet nicht die nöthige Sicherheit, da bei gestörter telegraphischer Verbindung Züge abgelassen werden müssen, bevor der vorhergegangene Zug von der nächsten Station zurückgemeldet ist. Ein zur Deckung eines Zuges nach rückwärts abgesandter Mann würde 5—10 Minuten zu gehen haben, ehe er die für die Deckung des Zuges vorgeschriebene bezw. erforderliche Entfernung zurückgelegt hat. Gleichzeitig würde der Zugführer aber einen zweiten Mann nach der Station zu senden haben, um sich mit dem diensthabenden Beamten darüber in Verbindung zu setzen, was mit dem Zuge weiter geschehen soll. Im günstigsten Falle, wenn nämlich auch seitens der Station dem Zuge ein Mann entgegengeschickt wird, und die Boten auf halbem Wege sich begegnen, kann die Verständigung zwischen Station und Zugpersonal binnen 10—12 Minuten hergestellt sein. Kann nun der Zug ungehindert vorrücken, so muss zunächst der zur Deckung des Zuges nach rückwärts ausgesandte Mann eingezogen bezw. benachrichtigt werden, was wiederum nicht ohne Zeitverlust geschehen kann, und schliesslich hat der Zug aus vielleicht ganz unbedeutendem Grunde eine Verspätung von $1/2$ Stunde erhalten.

*Französische Signale. Vorgeschobene Signalscheiben, disques avancés.*

Zur Sicherung des Betriebes sind nun bei den französischen Eisenbahnen nicht allein die Bahnhöfe und Abzweigungen durch weit vorgeschobene, feststehende Signale — disques avancés — gedeckt, sondern auch Tunnel, welche eine Länge von 1000 m und mehr haben, oder in einer Kurve liegen, sowie auch Niveau-Uebergänge, bei denen besondere Verhältnisse dieses wünschenswerth erscheinen lassen.

Diese weit vorgeschobenen Signale stehen in der

Regel auf „freie Fahrt" und werden nur auf „Halt"
gestellt,

1) wenn ein Hinderniss dem Passiren eines Zuges
entgegensteht;
2) während 10 Minuten nach dem Abgange oder
Passiren eines Zuges.

Dieser Zeitraum kann jedoch, je nach der Gattung der
in Frage kommenden Züge oder sonstigen örtlichen Verhältnissen, nach dem Reglement auf 5 resp. 2 Minuten
vermindert werden. Als Anhaltspunkt für die Dauer der
Sperrung der Strecke dient dem betr. Wärter nur seine
Taschenuhr. Dieses Festsetzen einer gewissen Zeit für
den Abstand der einzelnen Züge an Stelle einer Stations-
Distanz ist der bedenkliche Theil der französischen Reglements, da die Beachtung dieser Vorschrift schwer zu
controliren ist. Es wird zwar, soweit als es möglich ist,
von den betr. Aufsichtsorganen darauf gesehen, dass die
Signale nach Passiren eines jeden Zuges auf „Halt"
gestellt werden, doch wird es diesen Organen kaum möglich sein festzustellen, ob dieselben während der ganzen,
durch das Reglement vorgeschriebenen Zeit geschlossen
bleiben. Auch ist es wohl kaum anzunehmen, dass der
Wärter über die Zeitdauer des Abschlusses jedesmal die
Uhr zu Rathe ziehen wird; er wird sich in dieser Beziehung vielmehr sehr bald ganz allein auf sein Gefühl
verlassen.

In Bezug auf das Verhalten des Locomotiv- und
Zug-Personals einem auf „Halt" stehenden, vorgeschobenen Signal gegenüber bestimmen die französischen
Reglements Nachstehendes. *Vorschrift für den Locomotivführer.*

Der Locomotivführer hat für gewöhnlich, wenn er
ein auf „Halt" stehendes vorgeschobenes Signal vor sich
sieht, sofort zum Bremsen zu pfeifen und den Zug so
schnell als möglich zum Halten zu bringen. Sobald er

den Zug zum Stehen gebracht, oder die Geschwindigkeit desselben soweit in seiner Gewalt hat, dass er den Zug vor jedem sichtbar werdenden Hindernisse oder einem anderen Signal sofort zum Stehen bringen kann, setzt er die Fahrt bis zum Schutzpfahl — poteau de protection — fort und hält vor demselben, darf ihn aber nicht ohne Weiteres überfahren.

*Schutzpfahl, poteau de protection.*

Der Schutzpfahl — poteau de protection — ist ein besonderes, feststehendes Signal, welches die Grenze angiebt, über welche hinaus die vorgeschobenen Signale keine Sicherheit mehr bieten. Die Schutzpfähle sind zwischen den zu schützenden Punkten und den vorgeschobenen Signalen derart aufgestellt, dass die Entfernung zwischen Schutzpfahl und vorgeschobenem Signal mindestens 400 m beträgt; ausserdem soll die Entfernung von demjenigen Punkte, von welchem aus man das vorgeschobene Signal zuverlässig erkennen kann, bis zum Fusse des Schutzpfahles mindestens:

800 m, wenn die anschliessende Strecke in einer Steigung, einer Horizontalen, oder in keinem grösseren Gefälle als 0,005 = $1/200$,

1000 m, wenn die anschliessende Strecke in einem stärkeren Gefälle als 0,005 = $1/200$ liegt,

betragen.

Besondere Zeichen können mit diesem Signale nicht gegeben werden.

*Vorschrift für das Zugpersonal.*

Wenn sich einem vor dem Schutzpfahl haltenden Zuge ein Hinderniss nicht zeigt, so giebt der Zugführer den Befehl zum Vorfahren. Der Locomotivführer fährt dann langsam und vorsichtig vor, bis er auf das Hinderniss stösst, welches durch das vorgeschobene Signal gedeckt werden sollte, oder bis er sich mit demjenigen Beamten, welcher das vorgeschobene Signal zu handhaben hat, in Verbindung setzen kann.

Reicht in diesem Falle der Schluss des Zuges über den Schutzpfahl hinaus, so haben die Zugbediensteten sofort die erforderlichen Maassregeln zu ergreifen, um den Zug in der durch das Reglement vorgeschriebenen Weise zu decken.

Bei herrschendem Nebel sind die Bestimmungen dahin verschärft, dass der Locomotivführer, nachdem er das Haltsignal wahrgenommen, den Zug mit allen ihm zu Gebote stehenden Mitteln zum Stehen zu bringen hat, und die Fahrt nicht eigenmächtig fortsetzen darf. Der Zug ist vielmehr zunächst durch das Zugpersonal vorschriftsmässig zu decken, und erst auf Befehl des Zugführers wird die Fahrt langsam und mit der grössten Vorsicht, unter beständiger Anwendung der Dampfpfeife, fortgesetzt, bis die Verständigung mit dem betr. Signalwärter herbeigeführt ist. Die Geschwindigkeit des Zuges muss derartig ermässigt sein, dass der Locomotivführer denselben auf die Entfernung, welche er als frei erkennt, oder vor jedem Signal vollständig zum Stehen bringen kann.

*Verschärfte Bestimmungen bei Nebel.*

Dieses Verfahren, welches von dem in Deutschland üblichen Verfahren, nach welchem der Locomotivführer ein Haltsignal bei harter Strafe nicht überfahren darf, wesentlich abweicht, soll sich durchaus gut bewährt und zu Unfällen keine Veranlassung gegeben haben. Es scheint vielmehr den guten Erfolg gehabt zu haben, dass die französischen Locomotivführer, was rühmend anerkannt werden muss, im Bewusstsein ihrer persönlichen Verantwortlichkeit, die für die Fahrt auf der Strecke vorgeschriebene Geschwindigkeit mag noch so gross sein, stets mit einer ausserordentlichen Vorsicht in die Bahnhöfe einfahren, so dass auf den französischen Bahnen Unfälle hauptsächlich auf der freien Strecke vorkommen, oder auf solchen Bahnhöfen, welche von Zügen fahrplanmässig zu durchfahren sind und demnach der freien Strecke gleich geachtet werden müssen.

**Anlage der englischen Bahnen im Allgemeinen.**

Bei den englischen Bahnen sind Wärter, denen ein bestimmter Theil der Strecke zur Bewachung und Unterhaltung überwiesen, nicht vorhanden; letztere Arbeit wird ausschliesslich durch die Rottenarbeiter besorgt. Eine besondere Bewachung der Bahnen ist schon aus dem Grunde nicht erforderlich, weil bei ihrer Anlage Niveau-Uebergänge möglichst vermieden und durch Wege-Ueber- bezw. Unterführungen ersetzt sind. Solide Einfriedigungen verhindern das Betreten des Bahnkörpers durch Unbefugte. Die Bahnhöfe sind in gleicher Weise abgeschlossen; das Betreten der Gleise wird dadurch erschwert, dass die Perrons in gleicher oder wenig geringerer Höhe wie die Fussböden der Wagen über den Schienen liegen.

**Allgemeine Einrichtungen.**

Weichensteller und Signalwärter befinden sich in Lokalen, welche wesentlich höher liegen als die Schienen, wodurch ihnen eine freiere Uebersicht über die Strecke gewährt wird. Von den früheren Ueberbrückungen der Gleise durch Signalwärterbuden ist man in neuerer Zeit vollständig abgekommen, da durch dieselben dem Locomotivführer die Aussicht auf nachfolgende Signale vielfach erschwert wurde. Wo derartige Ueberbrückungen sich als hinderlich erwiesen haben, sind sie beseitigt worden, um neben der Bahn wieder aufgebaut zu werden.

**Distanzsignale.**

Auch in England hält man es mit Rücksicht auf die dort übliche grosse Geschwindigkeit der Züge für nothwendig, dem Locomotivführer schon auf eine entsprechend grosse Entfernung vorher anzuzeigen, welches die Stellung der Hauptsignale ist, bevor er diese selbst sehen kann, damit er rechtzeitig die Geschwindigkeit des Zuges mässigen und nach Erfordern anhalten kann. Zu diesem

Zwecke sind nach den verschiedenen Richtungen von den Hauptsignalen bis auf Entfernungen von 400—800 m Hilfs- oder Distanzsignale vorgeschoben, welche vom Signalposten aus mittelst Gestänge oder dünner Drahtseile bewegt werden.

*Vorschrift für den Locomotivführer.*

Die Reglements der englischen Bahnen schreiben vor, dass, wenn ein Locomotivführer ein Distanzsignal auf „Gefahr" findet, er unverzüglich den Dampf absperren und die Geschwindigkeit seines Zuges mässigen muss, so dass er im Stande ist, am Distanzmast zu halten; wenn er dann sieht, dass die Bahn vor ihm frei ist, so hat er langsam und vorsichtig unter die Deckung des Distanzsignals vorzurücken, wobei er seinen Zug dergestalt in der Gewalt haben muss, dass er im Stande ist, ihn bei jedem zwischen dem Distanz- und Stationssignal etwa vorhandenen Fahr-Hinderniss schnell zum Stehen zu bringen; er hat seinen Zug für gewöhnlich so nahe am Stationssignal, wie die jedesmaligen Umstände es gestatten, zum Stehen zu bringen. Der Locomotivführer darf sodann seine Fahrt nicht eher fortsetzen, als bis er durch das Hauptsignal dazu ermächtigt wird.

*Unterschied zwischen den französischen und englischen Distanzsignalen.*

Obgleich die französischen und englischen Reglements im Allgemeinen in der Nothwendigkeit von vorgeschobenen oder Distanzsignalen übereinstimmen und das Ueberfahren derselben vorschreiben, weichen sie doch darin wesentlich von einander ab, dass auf den englischen Bahnen, mit Rücksicht auf das allgemein durchgeführte Blocksystem und die dadurch bedingte Stationsdistanz, ein Zug für hinreichend gesichert erachtet wird, wenn der Schluss desselben das Distanzsignal passirt hat, während die französischen Bahnen wegen der Zeitdistanz denselben erst für gesichert halten, wenn er den Schutzpfahl hinter sich hat. Der Schutzpfahl selbst befindet sich aber zuweilen bis zu einer Zuglänge von dem zu schützenden Punkte entfernt, während die Hauptsignale der englischen Bahnen sich in der Regel über, und wenn zu einem Signalbilde zusammengefasst, zum Theil hinter dem zu schützenden Punkte der Bahn befinden, sodass auf diesen Bahnen der Locomotivführer in vielen Fällen nicht bis an das Hauptsignal heranfahren darf, vielmehr jedesmal auf die lokalen Verhältnisse Rücksicht nehmen muss.

Während ferner bei den französischen Bahnen auch der Schutzpfahl bedingungsweise überfahren werden darf, ist das Ueberfahren der Hauptsignale bei den englischen Bahnen streng verboten.

Zu den Hauptsignalen gehören alle Block-, Fahr-, Stations- und Wegesignale. Die Fahr-, Stations- und Wegesignale sind in der Regel gleichzeitig Blocksignale, während das einfache Blocksignal als ein Wegesignal anzusehen ist, welches nur einen Weg freizugeben hat.

*Ausfahrts-signale.* Ueber die Nothwendigkeit besonderer **Ausfahrtssignale** gehen die Ansichten der Betriebstechniker noch auseinander. Bei den französischen Bahnen, wo die Strecke principiell frei ist, sind dieselben nicht vorhanden, während sie bei den englischen Bahnen in Folge der allgemeinen Durchführung des Blocksystems und der Anlage von Centralapparaten jetzt als Block- und Wegesignale überall eingeführt sind.

*Form der Signale.* Die Form und Construction der feststehenden Signale ist in beiden Ländern ebenso charakteristisch verschieden, als die Handhabung derselben.

*Französische Signale. Vorgeschobene Signale, disques avancés.* In Frankreich bestehen die vorgeschobenen Signale, disques avancés, in einer runden Scheibe, welche sich in einer stehenden Säule von bestimmter Höhe um eine verticale Achse dreht. Diese Scheibe ist auf ihrer vor-

deren dem Zuge zugekehrten Seite roth gestrichen, auf
der Rückseite schwarz und weiss quadrirt. Steht die
Scheibe in ihrer normalen Stellung parallel zur Bahn,
so dass sie vom Zuge aus nicht gesehen werden kann,
so ist die „Fahrt frei". Bei Dunkelheit sieht der
Locomotivführer weisses Licht.

Ist die Scheibe geschlossen, so steht sie rechtwinkelig
zur Bahn, kann vom Zuge aus gesehen werden und
befiehlt demselben „Halt". Bei Dunkelheit zeigt sie
in diesem Falle rothes Licht. In der Regel wird diese
Scheibe durch Drahtzüge auf mehr oder minder grosse
Entfernung — bis zu 1000 Meter und darüber — von
der Station aus gezogen. Um den Einflüssen der Temperatur auf die Länge des Drahtes entgegen zu wirken,
sind sehr sinnreiche und leicht zu regulirende Compensations-Vorrichtungen in Verbindung mit dem Stellhebel
angebracht. Die verticale Achse, welche die Drehung
der Scheibe bewirkt, ist mit einem Gegengewicht versehen, so dass das Signal sich von selbst auf „Halt"
stellt, sofern durch Umlegen des Hebels der Draht nachgelassen wird oder aus irgend einer Veranlassung reissen
sollte. Da die Stellung der Scheibe von der Station aus
nicht immer erkannt werden kann, so ist ein electromagnetischer Contactapparat an die Drehachse angebracht,
welcher auf der Station und, wenn der bedienende Weichensteller von der Station entfernt steht, auch in der Nähe
von dessen Standpunkt ein Klingelwerk in Bewegung
setzt, sobald die Scheibe vollständig auf „Halt" steht.
Hierdurch erhält der bedienende Wärter die Ueberzeugung, dass die Scheibe nicht etwa in einer zweifelhaften
Stellung zwischen „Halt" und „freier Fahrt" stehen
geblieben ist. Da die Stellung der Scheibe auf „Halt"
nur für eine bestimmte Anzahl von Minuten vorgeschrieben
ist, so wird das Stationspersonal durch das Klingeln
nicht besonders belästigt.

Die Signallaternen leuchten auch nach rückwärts, um deren Brennen von der Stationsseite aus controliren zu können; damit jedoch eine Verwechselung mit einem reglementsmässigen Signal nicht stattfinden kann, zeigen dieselben rückwärts je nach dem Stande der Scheibe bei „freier Fahrt" weisses Licht, während sie bei „Halt" blau geblendet sind.

*Disques spéciaux.*

Ausser diesen vorstehend beschriebenen Signalen haben die französischen Bahnen es für nöthig befunden, noch besondere Lokalsignale — disques spéciaux, Specialscheiben — einzuführen, welche sich von den vorgeschobenen Signalen durch eine geringere Höhe über den Schienen und eine quadratische Form der Signalscheibe unterscheiden. Diese Specialscheiben decken auf kurze Entfernung die Weichen der Abzweigungen und andere Punkte, welche besonders geschützt werden müssen, namentlich auch Züge, welche in Bahnhöfen halten; sie zeigen bei Dunkelheit in der Stellung auf „Halt" dem Zuge rothes, bei „freier Fahrt" weisses Licht. Diese Signale dürfen, wenn sie auf „Halt" stehen, von Zügen nicht überfahren werden.

*Aufstellung der Signale.*

Die Signale werden auf der Aussenseite des Bahnkörpers neben demjenigen Geleise, für welches sie Gültigkeit haben aufgestellt und stehen, da in ganz Frankreich links gefahren wird, stets links von der Fahrrichtung, weil sie sonst wegen ihrer geringen Höhe dem Locomotivführer leicht durch einen im nebenliegenden Geleise fahrenden oder haltenden Zug verdeckt werden könnten. Da nun auf den französischen Maschinen der Locomotivführer auf der rechten Seite steht, die Signale aber links aufgestellt sind, so wird die Sichtbarkeit letzterer durch die Maschine einigermaassen beeinträchtigt. Die französischen Locomotivführer sind aber an diese Unbequemlichkeit derart gewöhnt, dass selbst auf den eingeleisigen Strecken, bei denen es doch möglich wäre, die Signale rechts von der Fahrrichtung aufzustellen, dieselben dennoch allgemein links gestellt werden.

Es ist bei den französischen Bahnen die Anlage von Weichen, welche von Zügen gegen die Spitze befahren werden müssen, soviel als möglich vermieden worden. Wo sich dieses jedoch, wie bei Bahnabzweigungen, nicht hat vermeiden lassen, ist diejenige Weiche, welche gegen die Spitze befahren wird, mit einem besonders construirten Weichensignal — signal à bras mobil — versehen worden, welches durch die Bewegung der Weiche selbst eingestellt wird. Dieses Signal besteht aus zwei in einem rechten Winkel zu einander stehenden Armen, welche sich um eine horizontale Achse drehen. Auf den Armen sind, entgegen der Zugrichtung, schmale Spiegelscheiben unter verschiedenen Winkeln befestigt, welche bei Tage das Tageslicht, bei Dunkelheit das Licht einer weiss leuchtenden Laterne reflectiren. Einer der Arme steht stets horizontal, während der andere Arm vertical nach oben gerichtet ist, und zeigt ein nach links stehender Arm an, dass die Weiche nach links abweist, während ein nach rechts zeigender Arm die Stellung der Weiche nach rechts kenntlich macht.

Spiegel-Arm-signale. Signaux à bras mobil.

Auf Bahnhöfen eingeleisiger Strecken, wo ein Befahren einzelner Weichen gegen die Spitze sich ebenfalls nicht vermeiden lässt, sowie bei Weichen, welche auf der Strecke nach Kiesgruben führen und nur vorübergehend eingelegt sind, wird die Stellung der Weiche dem gegen die Spitze fahrenden Zuge durch eine einfache Laterne mit **weissem** und **grünem** Licht angezeigt. Das **weisse Licht** zeigt an, dass die Fahrt auf dem **durchgehenden**, geraden Geleise frei ist; das **grüne Licht**, dass die Weiche auf das abweichende Geleise gerichtet, also Vorsicht nöthig ist.

Weichensignal-Laternen.

**Verhalten des Locomotivführers.**

Nähert sich ein Locomotivführer der Weiche einer Abzweigung, welche er gegen die Spitze zu befahren hat, so giebt er, wenn er links fahren will, ein langgezogenes Achtungssignal; will er aber rechts fahren, so giebt er ein aus drei langgezogenen Tönen bestehendes Signal mit der Dampfpfeife. Erst auf dieses Signal hin bringt der betr. Weichensteller erforderlichen Falles die abzweigende Weiche in die entsprechende Lage und öffnet die die Abzweigung deckende Signalscheibe.

**Correspondenzscheibe.**

Bei dieser Gelegenheit sei eines weiteren feststehenden Signals erwähnt, welches nur bei den französischen Bahnen üblich zu sein scheint. Es ist dieses die sogenannte Correspondenzscheibe, welche genau so construirt ist, wie die Specialscheibe, jedoch mit dem Unterschiede, dass die viereckige Scheibe in der diagonalen Richtung an der verticalen Drehachse des Signalständers befestigt und die Scheibe selbst gelb gestrichen ist. Diese Scheibe dient dazu, die von der Station entfernt stationirten Signalwärter zu benachrichtigen, dass ein Zug nicht einfahren darf, und daher die Einfahrtsscheiben geschlossen zu halten sind. Dieses Signal ist häufig mit einer Glocke versehen, welche bei jeder Umstellung des Signals anschlägt, um den Signalwärter hierauf aufmerksam zu machen. Für das Locomotiv- und Zugpersonal hat die Correspondenzscheibe gar keine Bedeutung und ist daher in der Regel derart aufgestellt, dass sie den Blicken des Locomotivführers verdeckt bleibt.

**Englische Signale, Semaphoren.**

Die englischen Bahnen sind seit langer Zeit allgemein zu der Anwendung von Semaphoren übergegangen. Die Semaphoren sind aufrechtstehende Maste mit einem oder mehreren beweglichen Armen oder Flügeln, welche mit einem Ende an dem Maste befestigt sind, und entweder horizontal stehen oder um 45 Grad gegen den Horizont gesenkt sind. Mit jedem Arme correspondirt eine Signallaterne.

Steht ein Signalarm horizontal, so befiehlt er dem Zuge „Halt", und zeigt in diesem Falle die Laterne bei Dunkelheit rothes Licht.

Wird dagegen der Arm um 45 Grad gegen den Horizont gesenkt, so bedeutet er, dass die Bahn frei ist, und der Zug passiren kann. Die Signallaterne zeigt in diesem Falle grünes Licht.

Nachdem man in England sich allgemein für das absolute Blocksystem entschieden hat, ist es nur noch nöthig die beiden Signale „Halt" und „Fahrt frei" zu geben. Das Signal „Vorsichtig weiterfahren", für welches früher das grüne Licht bestimmt war, ist in Fortfall gekommen. In Folge dessen wendet man nunmehr, der besseren Unterscheidung wegen, für das Signal „Fahrt frei" statt des weissen Lichtes das grüne Licht an. In England tragen die Signalmaste häufig Arme nach beiden Seiten, zuweilen sind auch mehrere Arme oder Reihen von Armen übereinander angebracht. Die Arme der einen Seite beziehen sich auf die eine Fahrrichtung, die der anderen Seite auf die entgegengesetzte Fahrrichtung, und da in England allgemein links gefahren wird, so hat der Locomotivführer bei Annäherung an einen Signalmast nur diejenigen Arme, welche nach links zeigen, zu Rathe zu ziehen. Zur besseren Unterscheidung sind die Arme auf ihrer dem Zuge zugekehrten Seite roth gestrichen, während die Rückseite weiss gestrichen ist.

*Abweichende Bedeutung der Signalfarben.*

Es wird in England besonderer Werth darauf gelegt, die Signalmaste so hoch zu machen, dass die Arme nur den Himmel als Hintergrund haben, gegen den sie sich dann ganz bestimmt abzeichnen, so dass ihre Stellung

*Höhe der Signalmaste.*

genau zu erkennen ist. Mit Rücksicht hierauf haben die Maste oft eine solche Höhe, dass bei dichtem Nebel die Stellung der Arme nicht deutlich genug erkannt werden kann. In diesem Falle hat man in der Höhe von 3,00 bis 3,60 m über Schienenoberkante einen zweiten Arm angebracht, welcher mit dem oberen Arm correspondirt.

*Künstlicher Hintergrund.* Da, wo ein Signalarm einen dunkelen Hintergrund hat, ist dieser, wenn er ein Bauwerk ist, weiss gestrichen oder man hat von weiss gestrichenen Brettern einen **künstlichen Hintergrund** geschaffen, von welchem sich der roth gestrichene Signalarm deutlich abhebt.

*Signalarme. Unterschied zwischen Haupt- und Distanzsignal.* Die Signalarme selbst bestehen aus schmalen Brettchen von 1,50—2,00 m Länge, ohne besondere Wülste und Vorsprünge. Die Arme der Hauptsignale und die der Distanzsignale unterscheiden sich nur darin von einander, dass an ihrem freien Ende die ersteren rechtwinkelig abgeschnitten, letztere dagegen schwalbenschwanzförmig eingeschnitten sind.

*Signallaternen.* Die Signallaternen sind in der Regel unterhalb des Signalarmes, mit welchem sie correspondiren, angebracht, und sofern der Mast nur nach einer Seite hin Arme trägt, auf der den Armen entgegengesetzten Seite des Mastes, weil dadurch das Signalbild ein wesentlich deutlicheres wird, als wenn die Signallaterne unter dem Arme hängt oder die Blenden direct mit dem Arme verbunden sind. Die Rahmen, welche die rothen und grünen Blenden tragen, werden durch dieselbe Zugstange bewegt, welche den Signalarm senkt oder hebt.

Nach entgegengesetzter Richtung stehende Arme haben in der Regel dieselben Drehpunkte am Maste, und da sie für verschiedene Fahrrichtungen Gültigkeit haben, so genügt für beide eine Laterne, welche auf der betr. Seite entsprechend **roth** oder **grün** geblendet werden kann. Gilt die Laterne jedoch nur für eine Fahrrichtung, so ist die Rückseite mit einer kleinen Linse versehen, welche das Brennen des Lichtes nach dem Signalwärter hin erkennen lässt und, wenn das Signal auf „Halt" steht, blau oder violett geblendet ist.

Wenn unter besonderen Verhältnissen die Distanzsignale von der Bude des Signalwärters aus nicht gesehen werden können, so sind besondere Wiederholungssignale eingerichtet, welche mit dem Signalarme des Distanzsignals in mechanischer oder electromagnetischer Verbindung stehen, die Bewegungen desselben mitmachen, und so dem Signalwärter die Stellung der Signale vor Augen führen. *Wiederholungssignale.*

In solchen Fällen hat man auch die Electricität nutzbar gemacht, um dem Signalwärter anzuzeigen, ob das Licht der Signallaterne verlöscht sei. Durch die beim Brennen des Lichtes in der Laterne entwickelte Wärme werden zwei mit den beiden Polen eines Electromagneten verbundenen Drähte im Contact erhalten. Sobald die Lampe erlöscht und die Drähte in Folge dessen sich abkühlen, hört der Contact auf, und ertönt alsdann in der Bude des Signalwärters ein Klingelwerk.

Weichensignale sind in England sehr selten und auch nur in Neben- und Rangirgeleisen vorhanden; dieselben sind ganz niedrig über dem Erdboden angebracht und in der Art und Weise, wie sie die Stellung der Weichen kenntlich machen, sehr verschieden. *Weichensignale.*

---

Wie bereits erwähnt, sind bei den französischen Bahnen besondere Signale dazu bestimmt, auf kurze Entfernungen die Weichen der Abzweigungen etc. zu decken. Eine einfache Abzweigung einer ein- oder doppelgeleisigen Bahn ist daher nach allen drei Richtungen, zunächst *Abzweigungen französischer Bahnen.*

durch quadratische Specialscheiben, dann auf weitere Entfernungen durch drei Schutzpfähle mit vorgeschobener runder Signalscheibe gedeckt. Der Schutzpfahl befindet sich zwischen Vorsignal und Lokalsignal. Die Stellung der Weiche selbst ist durch ein Spiegel-Armsignal kenntlich gemacht. Es kommen hierbei also vier verschieden geformte Sicherheitssignale zur Anwendung. Ein fahrender Zug stösst zunächst auf ein vorgeschobenes Signal, überfährt dasselbe, auch wenn es geschlossen ist, hält am Schutzpfahl und rückt dann bis an das Lokalsignal vor, darf dieses aber nicht überfahren, wenn es auf „Halt" steht. Schon bei Einführung der Specialscheiben haben die französischen Bahnen das Ungenügende und Unzuverlässige ihres allgemein aufgestellten Princips — dass die Fahrt in der Regel frei sei — empfunden, denn in den betr. Reglements heisst es:

*Abweichende Bestimmungen.*

„Wenn ein Punkt durch ein oder mehrere Specialscheiben und durch eine vorgeschobene Scheibe gedeckt ist, so sind diese Scheiben sämmtlich auf „Halt" gestellt zu halten und nur der Reihe nach zu öffnen, wenn es erforderlich wird einen Zug oder eine Maschine passiren zu lassen".

*Abzweigungen englischer Bahnen.*

Bei den Abzweigungen der englischen Bahnen sind die Hauptsignale unmittelbar neben der oder neben den abzweigenden Weichen aufgestellt.

Jede einfache Abzweigung, die Bahn mag ein- oder zweigeleisig sein, gestattet vier Fahrrichtungen oder Wege, und zwar:

1) Hauptbahn-Hauptbahn, die eine Fahrrichtung,
2) „ „ , die entgegengesetzte Fahrrichtung,
3) Hauptbahn-Zweigbahn,
4) Zweigbahn-Hauptbahn.

Entsprechend diesen **vier** verschiedenen **Wegen** sind an einem neben der Abzweigung aufgerichteten Maste zwei Paar einander gegenüberstehende Arme vorhanden, von denen das obere Paar für die beiden Fahrrichtungen der Hauptbahn, das untere Paar für die Fahrrichtung von und zur Zweigbahn Gültigkeit hat. Zu diesen vier Hauptsignalen treten noch **drei** Distanzsignale, ungefähr 800 Meter von den Hauptsignalen entfernt, welche von dem Signalwärter mittelst Drahtzügen gehandhabt werden. Bei solchen Abzweigungen ist es zur Vermeidung von Zuggefährdungen und Zusammenstössen von Wichtigkeit, dass kein Signal, welches einem Locomotivführer vorzufahren erlaubt, eher gezogen wird, bevor nicht die abzweigende Weiche in die richtige Stellung gebracht worden ist, sowie ferner, namentlich bei doppelgeleisigen Bahnen, dass während der Bewegung eines Zuges jede Bewegung eines anderen Zuges, welche ersterem Gefahr bringen könnte, ausgeschlossen wird.

*Wegesignale.*

Während man bis jetzt in Frankreich sich in dieser Beziehung vorzugsweise auf die Zuverlässigkeit eines gutgeschulten Personals verlässt, fing man in England schon früh an, die Hebel der Weichen und Signale mechanisch mit einander zu verbinden und dieselben derartig von einander abhängig zu machen, dass sie nur nach einem bestimmten, jede Zuggefährdung ausschliessenden Programm zu handhaben sind. Dieses System der gegenseitigen Verriegelung der Weichen- und Signalhebel untereinander, von Herrn **Saxby** im Jahre 1856 erfunden, ist inzwischen zu einer Vollkommenheit gelangt, welche kaum etwas zu wünschen übrig lässt, und findet in England nicht allein bei den einfachen Abzweigungen Anwendung, sondern auch bei den complicirtesten Stationen. Namentlich ist in dieser Beziehung der Apparat des Bahnhofes Cannon-Street zu London zu erwähnen, bei welchem ca.

*Centralweichen und Signalapparate.*

70 Weichen- und Signalhebel in einer über dem Geleise erbauten Bude centralisirt sind und dessen Programm 808 Combinationen gestattet, welche für den Verkehr volle Sicherheit bieten. Durch den Verriegelungs-Mechanismus sind alle diejenigen Combinationen ausgeschlossen, welche eine Zuggefährdung herbeiführen könnten, vorausgesetzt, dass die Signale von dem Locomotivführer respectirt werden. Es ist dem Signalwärter durchaus unmöglich gemacht, aus Unachtsamkeit, Nachlässigkeit oder bösem Willen Signale zu geben, welche untereinander unzulässig oder gefährlich sind, und kann er aus Irrthum wohl eine Verzögerung in der Zugbeförderung herbeiführen, niemals aber eine Gefährdung von Zügen veranlassen. Der Centralapparat von Saxby & Farmer erfüllt in vollkommenster Art die Bedingung, dass von dem ersten Augenblicke der Bewegung eines Weichenhebels die Verriegelung correspondirender Signalhebel eintritt, und dass die Entriegelung eines der letzteren erst dann erfolgt, wenn nach programmmässiger Einstellung der Weichenhebel letztere sämmtlich vollständig umgelegt und eingeklinkt sind; dass anderseits durch das Umlegen des Signalhebels die zugehörigen Weichenhebel verriegelt werden und so lange verriegelt bleiben, bis der Signalhebel in seine Ruhestellung zurückgelegt und eingeklinkt ist.

Das Princip der Verriegelung ist auf jedes Hebelsystem anwendbar, und jeder Hebel kann durch einen anderen Hebel verriegelt werden; Signalhebel können andere Signalhebel oder Weichenhebel verriegeln, und ebenso kann ein Weichenhebel Signalhebel ebenso gut verriegeln wie andere Weichenhebel. Letzterer Fall ist von besonderer Wichtigkeit, denn es kommt leicht vor, dass eine Reihenfolge von Weichen für einen bestimmten Zug nicht eher in eine bestimmte Lage gebracht werden kann, bevor nicht eine andere Reihenfolge von Weichen in eine andere bestimmte Stellung gebracht und so ein Weg geschaffen worden ist, auf welchem sich ein zweiter Zug bewegen oder ungehindert rangiren lässt; oder auf welchem ein das geschlossene Signal überfahrender Zug abgelenkt wird, ohne dass derselbe den Weg des erst erwähnten Zuges einschlagen oder kreuzen kann.

Das Princip der gegenseitigen Verriegelung hat man in England auch angewendet bei Barrieren von Niveauübergängen, welche durch Signale gedeckt werden, derart, dass Signale einem Zuge so lange „Halt" gebieten und nicht eher auf „freie Fahrt" gestellt werden können, bis die Barriere vollständig geschlossen ist, und umgekehrt die Barriere nicht eher geöffnet werden kann, als bis die deckenden Signale auf „Halt" gestellt sind. Die Barrierenflügel sind in diesem Falle derartig eingerichtet, dass sie entweder den Niveauübergang oder die Bahngeleise absperren und durch Einfallklinken in diesen Stellungen festgehalten werden. Da es nothwendig ist, dass derartige Ueberwege von einem Wärter übersehen werden, damit sich während der Bewegung der Barrierenflügel nicht etwa ein Fuhrwerk oder lebende Wesen in dem Bereich derselben befinden, so hat man dieselben in der Regel mit einer Blockstation in Verbindung gebracht.

<small>Gegenseitige Verriegelung zum Schutz von Niveauübergangen.</small>

Auch in Frankreich ist es allgemein üblich, frequente Niveauübergänge nach beiden Richtungen hin durch vorgeschobene Signale gegen Ueberraschung durch einen Zug zu sichern. Es ist dieses um so mehr nothwendig, als bei den französischen Bahnen, ebenso wie bei den englischen, electromagnetische Läutewerke, welche die Wärter zwischen je zwei Stationen und an den Barrieren von dem Abgange eines Zuges rechtzeitig benachrichtigen, noch nicht eingeführt sind, die Wärter in Bezug auf den Gang der Züge vielmehr einzig

<small>Sicherung von Niveauübergängen in Frankreich.</small>

und allein auf ihre Uhr und den Fahrplan angewiesen sind.

**Compensation der Gestänge.** Die langen Gestänge, mittelst deren die in einem Centralapparat vereinigten Weichen häufig gestellt werden müssen, sind den Einflüssen der Temperatur in Bezug auf Längenausdehnung nicht unwesentlich ausgesetzt und bedürfen besonderer Compensations-Vorrichtungen, wenn die betr. Weichen richtig functioniren sollen. Im Interesse der Betriebssicherheit ist es unbedingt erforderlich, dass die Weichenzungen fest an den Backenschienen anliegen. Sobald bei einer gegen die Spitze befahrenen Weiche die bewegliche Weichenzunge nicht fest anliegt, die Weiche also auf Halb steht, ist Gefahr vorhanden, dass der Zug entgleist, und eine gleiche Gefahr ist vorhanden, wenn der Wärter aus Missverständniss oder Unachtsamkeit eine Weiche umlegt, bevor der Schluss eines Zuges die gegen die Spitze befahrene Weiche passirt hat. In diesem Falle wird der hintere Theil des Zuges einen anderen Weg einschlagen, als der vordere.

**Weichenriegel.** Um bei Weichen, welche von fahrplanmässigen Zügen gegen die Spitze befahren werden, das feste Anliegen der beweglichen Weichenzungen zu sichern, hat man die Verbindungsstange derselben mit Schlitzen versehen, in welche ein Riegel nicht eher hineingeschoben werden kann, bevor nicht die eine oder die andere Weichenzunge fest zur Anlage gekommen ist. Dieser Riegel ist früher durch denselben Hebel bewegt worden, welcher die Weiche selbst umlegte. Es ist jedoch vorgekommen, dass in Folge eines unerwarteten Bruches oder einer Lockerung in dem Zusammenhange des Gestänges der betr. Weichenhebel im Centralapparat umgelegt und durch einen Signalhebel verriegelt wurde, ohne dass die betr. Weiche dem Zuge des Hebels gefolgt war, was der Centralwärter nicht bemerken konnte. Um diesem bedenklichen Uebelstande abzuhelfen, wird in den neueren englischen Centralapparaten der Weichenriegel durch einen besonderen Hebel mit Gestänge, welcher in das Programm mit hineingezogen ist, wie ein Weichenhebel bewegt. Der Wärter legt zunächst die Weichenhebel um, dann den Hebel, welcher die Verriegelung bewirkt, und ist in Folge des Systems der gegenseitigen Verriegelung jetzt erst im Stande den Signalhebel zu ziehen.

Durch diese Anordnung wird zwar die Zahl der Hebel, namentlich bei complicirteren Apparaten, nicht unwesentlich vermehrt, der Signalwärter hat aber eine Controle darüber, ob die betr. Weichenzunge fest anliegt; denn wenn dieses nicht der Fall sein sollte, wird er den Riegelhebel nicht bewegen können und dadurch gehindert sein, das betr. Signal auf „freie Fahrt" zu stellen.

Wenn indess, was jedoch bei der Stärke der in Frage kommenden Constructionstheile nicht zu erwarten steht, das Hauptgestänge bricht oder böswillig durchschnitten wird, während die Weichenzunge fest anliegt, so kann der Wärter den Riegelhebel bewegen, wie er will; ebenso auch den eigentlichen Weichenhebel, ohne dass jedoch die Weiche der Bewegung folgt. Die Sicherheit ist also keine absolute.

Um der Gefahr zu begegnen, dass ein Centralwärter eine Weiche umlegt, während ein Zug sich durch dieselbe gegen die Spitze bewegt, ist allgemein ein sehr einfacher Mechanismus angewendet worden.

*Druckschienen. Pedale.*

Neben einer der Eisenbahnschienen, welche unmittelbar vor der Zungenspitze liegen, ist mittelst Klemmbacken und Scharnieren eine bewegliche Druckschiene angebracht, deren Länge mindestens so gross ist, als der grösste Abstand zweier Räderpaare eines Zuges. Diese Druckschiene kann sich in ihrer Längenrichtung nur bewegen, indem sie in verticaler Richtung einen Kreisbogen beschreibt; sie ist in ihrer Endstellung nicht höher als der Schienenkopf, und wird durch die Flanschen der darüber gehenden Räder heruntergedrückt. Sie ist ferner mit dem Weichenriegel derart in mechanische Verbindung gebracht, dass, so lange ein Zug über dieselbe fährt, der Wärter nicht im Stande ist, den betreffenden Hebel umzulegen, weil wegen ihrer Länge stets ein Rad des Zuges auf dieselbe drückt.

Es ist hierbei jedoch zu beachten, dass die Druckschiene sich möglichst nahe an der Zungenspitze befinde, damit der Riegel nicht etwa gelöst werden kann, während das letzte Rad eines Zuges die Druckschiene verlassen, die Weichenzunge aber noch nicht erreicht hat.

*Aufschneiden von Weichen.* Vorrichtungen, welche das Aufschneiden von Weichen in den Centralapparaten gestatten, sind in England nicht in Gebrauch, da die Locomotivführer dasselbe sorgfältig vermeiden. In Frankreich, wo Centralapparate bis jetzt nur ausnahmsweise zur Anwendung gekommen sind, ist das Aufschneiden von Weichen bisher allgemein üblich gewesen.

**II.** Die seither besprochenen Signale und damit verbundenen Vorrichtungen haben, wie bereits Eingangs erwähnt, den Zweck, eine Verständigung zwischen dem Signalwärter und dem Locomotivführer herzustellen; es sind jedoch auch Vorrichtungen und Zeichen erforderlich, welche den Signalwärtern gestatten, sich über den Gang der Züge unter einander zu verständigen. *Verständigung der Signalwärter unter einander.*

In England kümmert sich der Stationsvorsteher resp. sein Assistent im Allgemeinen sehr wenig um die Signalisirung der Züge. Seine Sache ist es vielmehr nur, die Ordnung auf dem Perron aufrecht zu erhalten und für Freihaltung der Geleise Sorge zu tragen. Sobald die Abfahrtzeit eines Zuges heranrückt und der Zug zur Abfahrt bereit ist, giebt er dem Locomotivführer das Zeichen zur Abfahrt, dieser avertirt mittelst der Dampfpfeife den Signalwärter und fährt, sobald dieser das für den betreffenden Zug giltige Signal gezogen hat, ab. *Betriebsdienst.*

Die Signalwärter der einzelnen Stationen stehen mit einander in electrischer Verbindung und sind für richtige Signalisirung der Züge verantwortlich. Diese Verantwortung ist allerdings nicht sehr gross, wenn man bedenkt, dass in Folge der mechanischen Verbindung zwischen Signalen und Weichenhebeln Fehler, welche die Gefährdung eines Zuges oder einen Zusammenstoss herbeiführen können, nicht möglich sind.

Die Anwendung der Electricität hat es möglich gemacht, das System des Zeitabstandes zu verlassen und das der Raumdistanz zwischen zwei Zügen einzuführen.

**Hilfsmittel zur Verständigung. Glocken-Apparate.**

Die Hilfsmittel, deren man sich in England bedient, um die Verständigung unter den einzelnen Signalwärtern zu bewerkstelligen, sind sehr einfache. Je zwei benachbarte Wärterposten sind durch einen Telegraphendraht verbunden; es genügt ein Druck auf einen Knopf, um den electrischen Strom durch den Leitungsdraht gehen zu lassen und bei dem Nachbarposten eine Glocke zum einmaligen Ertönen zu bringen. Um eine bestimmte Anzahl von Glockenschlägen dem Nachbarposten zu übermitteln, ist es erforderlich, ebenso oft auf den betreffenden Knopf zu drücken.

Der erste und letzte Posten einer Strecke ist nur mit einer Glocke und einem Knopf ausgerüstet; die zwischenliegenden Posten dagegen mit zwei Glocken verschiedenen Klanges und zwei Knöpfen.

Der Wärter hat keinen Einfluss auf das Ertönen der in seiner Bude befindlichen Glocken; die eine derselben hängt vielmehr von dem Nachbarposten in der einen Richtung, die andere von dem der anderen Richtung ab, die Glocken beziehen sich also auf die beiden einander entgegengesetzten Fahrrichtungen. Anderseits ist er in der Lage, entsprechend der Fahrrichtung die Glocke des einen oder des anderen Nachbarpostens ertönen zu lassen.

**Allgemeine Regeln für die Correspondenz.**

Als Regel wird festgehalten, dass jedes Signal von dem, der es empfängt, an den, welcher es giebt, zurückgegeben wird, und dass kein Signal als abgeschlossen betrachtet wird, bevor es nicht von dem Empfänger wiederholt ist, wodurch der abgebende Beamte die Gewissheit erhält, dass sein Signal richtig verstanden ist. Sämmtliche gegebene und empfangene Signale werden unter Angabe der Zeit in ein Register eingetragen.

**Handhabung der Glockenapparate.**

Mittelst dieser einfachen Vorrichtung, welche die Grundlage zum sog. Blocksystem bildet, sind mehr als 12 Jahre hindurch auf der South Eastern-Bahn täglich bis zu 500 Züge signalisirt worden. Das Verfahren war hierbei Nachstehendes:

Ein Glockenschlag — Zug nach London.
Zwei Glockenschläge — Zug von London.
Drei Glockenschläge — Zug eingetroffen.

Es seien A, B und C drei aufeinander folgende Signalposten.

Sobald ein Zug von London beim Posten A zur Abfahrt bereit ist, giebt der Wärter bei A nach B zwei Glockenschläge. B antwortet mit zwei Glockenschlägen, dass er das Signal empfangen, worauf A das Abfahrtssignal auf freie Fahrt stellt und damit dem Zuge die Erlaubniss zur Abfahrt giebt. Hierauf giebt A ein zweites Mal zwei Schläge, um B zu benachrichtigen, dass der Zug abgefahren sei und B wiederholt die zwei Schläge, als Zeichen, dass er das Signal verstanden.

Die zwei ersten Schläge, welche B nach A zurückgiebt, blockiren die betreffende Strecke und bedeuten: „Es befindet sich ein Zug auf der Strecke zwischen A und B, und kann kein weiterer Zug von A abgelassen werden, ohne weitere Ordre von B."

Sobald der Zug in B angekommen ist, giebt der Wärter B drei Schläge nach A, um mitzutheilen, dass der Zug angekommen, die Strecke zwischen A und B frei und er vorbereitet ist, die Mittheilung zu empfangen, dass ein zweiter Zug bereit sei von A abzugehen. A antwortet seinerseits mit drei Schlägen, womit die Correspondenz zwischen A und B wegen des ersten Zuges abgeschlossen ist.

Während dieser erste Zug sich zwischen A und B bewegt, benachrichtigt der Beamte B denjenigen in C durch zwei Schläge, und wenn C mit zwei Schlägen geantwortet hat, stellt B sein Armsignal auf „freie Fahrt", bevor der Zug in B eingetroffen ist, um unnöthigen Aufenthalt zu vermeiden. So lange C aber nicht durch zwei Schläge geantwortet hat, hält B sein Armsignal geschlossen und muss der Zug in B halten. Im Uebrigen ist die Correspondenz zwischen B und C genau so, wie zwischen A und B.

*Benachrichtigung von Barrierenwärtern.*
Dieselbe Vorrichtung wird auch benutzt, um Barrierenwärter zwischen zwei Signalwärterposten von dem Abgange der Züge zu benachrichtigen. Da erstere in der Regel Züge nicht weiter zu melden haben, erhalten sie nur Glocken, welche während der Correspondenz der beiden benachbarten Signalwärter mittönen. Ferner werden die Glocken benutzt, um zu einer vorher bestimmt angegebenen Stunde sämmtlichen Signalwärtern die Zeit zu geben, damit sie ihre Uhren danach reguliren können. Auch andere, den Zugdienst betreffende Signale können mittelst einer bestimmten Anzahl von Glockenschlägen gegeben werden. So bedeuten z. B. fünf Glockenschläge: „Strecke gesperrt"; sechs Glockenschläge fordern zur Berichtigung der Apparate auf etc.

*Zahlapparate.*
Die Zahl der auf einzelnen Strecken zu gebenden bezw. zu empfangenden Glockenschläge steigert sich bis zu 20 Schlägen und sind alsdann automatische Zähler angebracht, welche durch einen Zeiger die Anzahl der gegebenen oder empfangenen Schläge anzeigen. Das Gehör der meisten dabei beschäftigten Beamten ist jedoch derart geübt, dass sie die Anzahl der empfangenen Glockenschläge sofort bestimmt angeben können und sich hierin selten irren; der aufgestellte Zählapparat dient daher nur dazu, durch das Auge das Gehör zu controliren und Irrthümer unmöglich zu machen.

*Sichtbare Signale.*
Obgleich nun die Erfahrung mehrerer Jahre gezeigt hat, dass man ausschliesslich mittelst nur hörbarer Signale

eine Strecke wirksam betreiben kann, hat man es doch für zweckmässig erachtet, den hörbaren Signalen sichtbare hinzuzufügen, um das zuletzt gegebene Signal dem Auge des Signalwärters sichtbar zu erhalten bis zu dem Augenblicke, wo er ein neues Signal erhält. Aehnlich den in England früher allgemein üblichen Telegraphenapparaten von Wheatstone, bei denen die einzelnen Zeichen durch die Anzahl der Abweichungen von Magnetnadeln nach rechts oder links gegeben wurden, sind bei vielen Bahnen die Signale: „Bahn frei", „Bahn gesperrt" durch electromagnetische Apparate gegeben worden. Diese Nadelapparate haben sich jedoch schon überlebt und für uns kein Interesse. Electromagnetische Signale. Nadelapparate.

Die bereits erwähnte South Eastern-Eisenbahn hat den vorhin beschriebenen Glockensignal-Apparat in einer sehr nützlichen Weise durch Hinzufügung eines Signalmastes en miniature vervollständigt, so dass der Signalwärter durch denselben ein Bild erhält, welches in seiner äusseren Erscheinung mit dem auf der Strecke zu gebenden Armsignale identisch ist. Semaphorenapparat.

Der Signalmast en miniature befindet sich unter Glas und Rahmen und ist in der Form eines Bildes an der Wand der Signalbude angebracht. Derselbe trägt zwei bewegliche Arme, welche sich an entgegengesetzten Seiten des Mastes befinden, und von denen der eine roth, der andere weiss gestrichen ist. Der rothe Arm correspondirt mit dem Nachbarposten, von welchem aus er gestellt wird, während der weisse Arm dasjenige Signal angiebt, welches zuletzt von dem Signalposten selbst an den Nachbarposten gegeben worden ist. Die Signalglocke befindet sich über dem Bilde. Zwei Knöpfe, von denen der eine weiss, der andere schwarz ist, wirken auf den Signalarm. Beschreibung desselben.

Indem man in B auf den weissen Knopf drückt,

stellt man den rothen Arm in A auf „freie Fahrt" und gleichzeitig den weissen Arm in B in Uebereinstimmung mit der Bewegung des rothen Armes in A. Gleichzeitig ertönen die Glocken in bestimmt abgegrenzten Schlägen, welche die Gattung des gemeldeten Zuges andeuten. Der erste Druck auf den Knopf allein bewirkt die Stellung des Signalarmes, auf welche die nachfolgenden Schläge ohne Wirkung bleiben. Ein Druck auf den schwarzen Knopf in B bringt den rothen Arm in A und den weissen Arm in B wieder in die Haltestellung zurück.

**Handhabung desselben.** Die Handhabung des Apparates ist folgende. Angenommen, ein Zug soll von A nach B abgelassen werden, so benachrichtigt A durch das Glockenwerk B, dass der Zug bereit sei, und B wiederholt das Signal mittelst des Glockenwerks, was bedeutet: „Sende den Zug". Gleichzeitig stellt B den rothen Arm in A auf „Halt", um jeden nachfolgenden Zug aufzuhalten, während der weisse Arm seines eigenen Bildes ihm anzeigt, dass er das Signal gegeben. Sobald der Zug in B angekommen, zeigt er dieses durch drei Glockenschläge an und stellt gleichzeitig in A den rothen Arm, in B den weissen Arm auf „freie Fahrt", zum Zeichen, dass er bereit ist, einen weiteren Zug anzunehmen.

In zweckmässiger Weise sind die Miniatursignale in der Signalbude so angebracht, dass sie der Richtung entsprechen, in welcher sich der Nachbarposten befindet.

Die Apparate sind sehr einfach und functioniren mit einer ausserordentlichen Sicherheit. Da der Wärter auf die in seiner eigenen Bude befindlichen rothen Signalarme ohne Einfluss ist — es sei denn, dass er die das Bild schützende Glasscheibe zerschlägt — ist bei einem durch Unachtsamkeit oder Nachlässigkeit erwachsenen Unfall der schuldige Signalwärter sofort mit Sicherheit zu ermitteln.

Es besteht ein scheinbarer Widerspruch darin, dass der Signalwärter in B in dem Augenblicke, wo er dem Wärter in A das Signal giebt: „Sende den Zug", den kleinen rothen Arm des Miniatursemaphor in A auf „Halt" stellt. Es ist dieses jedoch von keiner Bedeutung und giebt in der Praxis zu Irrthümern keine Veranlassung. Der Werth des Blocksystems besteht darin, dass ein Bahnabschnitt blockirt wird, sobald ein Zug angenommen worden ist, um zu verhindern, dass ein zweiter Zug den ersteren erreicht, bevor dieser in einen weiteren Abschnitt eingetreten ist; es ist daher zweckmässiger, den rothen Arm auf „Halt" zu stellen und die Strecke zu blockiren, bevor der Zug die vorliegende Station passirt hat, als die Abgabe dieses Signals zu verzögern.

Im Princip ist es jedoch nicht wünschenswerth, in einem Signalsystem Zeichen zu haben, welche der Wirklichkeit nicht entsprechen, wenn auch deren Dauer noch so kurz ist.

Vorstehend beschriebener kleiner Semaphorenapparat hat gegenüber dem in Deutschland üblichen Verfahren der Zugabmeldung und -Annahme durch den electromagnetischen Morse-Sprechapparat den Vortheil, dass die Correspondenz wenig zeitraubend ist; auch ein Blick auf den kleinen Semaphoren stets zeigt, ob die vorliegende bezw. nachfolgende Strecke frei oder durch einen Zug besetzt ist. Aber auch dieser Apparat, bei welchem durch die Stellung des kleinen Armes der nachfolgenden Station mitgetheilt werden kann, dass ein Zug kommt, sowie durch eine bestimmte Anzahl von Glockenschlägen die Bezeichnung des Zuges angegeben wird, hat bei der grossen Zahl der Zugmeldungen, welche in der Nähe von London erforderlich werden, nicht mehr den Anforderungen entsprochen, auch zu viel Geräusch gemacht und ist man genöthigt gewesen, noch einfachere und geräuschloser arbeitende Apparate zu construiren.

*Vorzüge des Apparates.*

**South Eastern-Eisenbahn.**

Den complicirtesten Verkehr in dieser Beziehung dürfte wohl die mehrgenannte South Eastern-Bahn haben. Dieselbe besitzt in London selbst drei Stationen für den Personenverkehr, und zwar London-Bridge auf dem rechten Themseufer, Cannon-Street-Station in der City und Charing Cross im Westend. Sämmtliche drei Stationen stehen in directer Verbindung untereinander.

Nach London führen folgende unter der Verwaltung der South Eastern-Bahn stehende Linien:

    die alte Hauptbahn via Redhill,
    „ neue Hauptbahn via Chislehurst und Sevenoaks,
    „ Zweigbahn nach Dartford,
    „ North Kent-Linie,
    „ Mid Kent-Linie,
    „ Localbahnen von Greenwich,

welche sich kurz vor der Station London-Bridge zu drei doppelgeleisigen Bahnen vereinigen, auf welchen Züge und Maschinen nicht allein der eigenen Bahn, sondern auch durchgehende Züge fremder Verwaltungen, nach den verschiedensten Richtungen unausgesetzt verkehren, so dass sich nicht selten gleichzeitig sowohl drei Züge der Station London-Bridge nähern, als auch ein bis zwei Züge zu derselben Zeit abgelassen werden.

Für diesen Verkehr reicht zur An- und Rückmeldung der Züge weder der vorstehend beschriebene Semaphorenapparat aus, noch würde ein electromagnetischer Sprech- oder Schreibapparat im Stande sein, die erforderliche Zugcorrespondenz zu bewältigen und an den die Weichen stellenden Beamten zuverlässig zu übermitteln. Von Mr. C. V. Walker ist daher ein auf denselben Principien wie die Wheatstone'schen Buchstabenapparate beruhender electromagnetischer Apparat construirt, der an Einfachheit und Uebersichtlichkeit nichts zu wünschen übrig lässt.

Dieser Apparat zeigt ein Zifferblatt mit zwölf Feldern, auf denen die verschiedenen Zugrichtungen und Zuggattungen, welche auf der betreffenden Linie in Betracht kommen, angegeben sind. Ein grosser Zeiger zeigt den Zug an, welcher von einer Nachbarstation abgelassen, also zu erwarten ist.

*Train Describer, Zug-bezeichnungs-Apparat.*

Zu einem vollständigen Apparat gehören zwei Zifferblätter, von denen das eine zur Abgabe, das andere zur Aufnahme der Zugmeldungen bestimmt ist. Der abgebende Apparat ist radial, mit kleinen beweglichen Handgriffen versehen, entsprechend den verschiedenen Bezeichnungen der Züge.

Will ein Posten einen Zug ablassen, so biegt er an dem abgebenden Apparate den mit der betreffenden Zugbezeichnung correspondirenden Handgriff um, und sofort springen die beiden Zeiger, sowohl der des abgebenden als auch der des aufnehmenden Apparates des Nachbarpostens auf das betreffende Feld der Zugbezeichnung. Jeder in der betreffenden Signalbude Beschäftigte erhält also eine sichtbare Bezeichnung des abgemeldeten Zuges.

Der auf Station Cannon-Street aufgestellte Apparat trägt z. B. in seinen zwölf Feldern nachstehende Bezeichnungen:

| | |
|---|---|
| Bleakheath . . . | (Localzug), |
| via Chislehurst . . | (Neue Hauptlinie), |
| Dartfort Loop . . | (Zweigbahn), |
| Empties . . . . | (Leere Wagen), |
| Maschine . . . . | — |
| Greenwich . . . | (Localzug), |
| Local . . . . . | (Localzug Charing Cross), |
| Mid Kent . . . . | — |
| North Kent . . . | — |
| via Redhill . . . | (Alte Hauptbahn), |
| Tidal or Mail . . | (Postzug). |

Das zwölfte Feld, mit „Cancel last Signal" — Vernichte letztes Signal — bezeichnet, wird bei vorgekommenen Irrthümern in der Anmeldung eines Zuges angewendet.

Bezeichnend für die Intensität des Verkehrs auf der in Rede stehenden Linie ist, dass man es bei diesem Apparate nicht für nöthig gefunden hat, für den Zeiger einen Null- oder Ruhepunkt vorzusehen, der Zeiger vielmehr seinen letzten Standpunkt so lange beibehält, bis ein neuer Zug angemeldet wird.

Mit diesen Apparaten, von denen für jede Fahrrichtung je einer erforderlich ist, sind jedoch nur die Hauptsignalstationen ausgerüstet, während für die zwischenliegenden Blocksignalstationen, bei denen es auf die Bezeichnung des Zuges nicht ankommt, die kleinen Semaphorenapparate genügen.

*Zugbezeichnung an der Locomotive.*

Die Gattung der Züge wird jedem Signalwärter ausserdem durch ein Zeichen vorn an der Locomotive, welches in einer quadratischen oder runden weissen Scheibe mit entsprechenden schwarzen Abzeichen oder in einer entsprechenden Blendung einer der Locomotivlaternen besteht, kenntlich gemacht.

*Französisches Blocksystem.*

**III.** In neuester Zeit haben auch die französischen Eisenbahnen angefangen, auf ihren doppelgeleisigen Strecken in der Nähe von Paris das Blocksystem einzuführen und sind hierbei gleichzeitig zu Armsignalen — Semaphoren — übergegangen, welche mittelst electromagnetischer Vorrichtungen gestellt werden.

Wie es in der Einleitung zu der Instruction für die electromagnetischen Semaphoren heisst, haben die betreffenden Einrichtungen den Zweck, zwei in derselben Richtung fahrende Züge oder Maschinen zu verhindern, sich beliebig auf dasselbe Geleise zwischen zwei aufeinander folgenden Posten zu begeben. Sie substituiren demnach dem reglementsmässigen zwischen zwei aufeinander folgenden Zügen oder Maschinen einzuhaltenden Zeitabstande die kilometrische Entfernung zweier Posten.

Auf jeder Blockstation befindet sich ein Electrosemaphor, welcher aus einem Maste von 8 m Höhe besteht, ausgerüstet mit: *Beschreibung des Apparates.*

1) einem beweglichen Arme oder Flügel am oberen Theile des Mastes, der sich entsprechend der Fahrrichtung nach der linken Seite desselben horizontal ausstreckt. Die Seite des Armes, welche bestimmt ist, dem Locomotivführer Zeichen zu geben, ist roth gestrichen; die entgegengesetzte Seite ist grau gestrichen und ohne Bedeutung für den Locomotivführer. Der Arm ist mit einer rothen und einer grünen Blende für die Nachtsignale versehen;

2) einem kleinen gelb gestrichenen Arme, welcher, auf halber Höhe des Mastes befestigt, sich horizontal nach rechts ausstreckt.

Dieser kleine Arm hat keine Bedeutung als Signal für den Locomotivführer und soll nur dem Wärter des Semaphoren ein Zeichen hinterlassen von der Benachrichtigung, welche der vorhergehende Posten ihm von dem Weitergange oder Abgange eines Zuges oder einer Maschine gegen seinen Posten hin gegeben hat;

3) einem Klingelwerk, welches anzeigt, dass von dem correspondirenden Posten ein Signal gegeben worden sei;

4) zwei Apparaten mit der Bezeichnung No. 1 und No. 2, jeder bestimmt, durch halbe Drehung einer Kurbel einen Signalflügel und den kleinen Arm zu stellen.

Der Apparat No. 1 dient dazu, den grossen Arm des eigenen und den kleinen Arm des nachfolgenden Postens erscheinen zu lassen bezw. auf „Halt" zu stellen.

Der Apparat No. 2 dient dazu, den kleinen Arm des Postens selbst und den grossen Arm des vorliegenden Postens zu beseitigen bezw. die „Fahrt frei" zu geben.

Jedes nach einem correspondirenden Posten gegebene Signal wird demjenigen Wärter, welcher es gegeben hat, durch ein automatisches Signal zurückgegeben, als Zeichen, dass das Signal wirklich zur Ausführung gekommen ist;

5) einer Laterne mit weissem Licht für die Nachtsignale.

Die Electrosemaphoren der Zwischenposten bestehen ebenfalls aus einem Maste von 8 m Höhe; jedoch befinden sich an demselben die vorstehend angegebenen Ausrüstungsgegenstände in doppelter Anzahl, mit Ausnahme der Laterne, da diese eine genügt, die Nachtsignale zu geben.

Jeder Bewegungsapparat trägt seine Nummer und die Bezeichnung des Geleises, für welches er bestimmt ist.

Jede Blockstation ist nach beiden Richtungen durch vorgeschobene Signale gedeckt.

**Handhabung des Apparates.** Besondere stationäre Wärter sind mit der Handhabung der Electrosemaphoren beauftragt.

Die horizontale Lage des Armes zur Linken des Mastes in der Richtung der Fahrt befiehlt dem Locomotivführer ein „unbedingtes Halt".

Bei Nacht wird dieses Signal durch die rothe Blende gegeben. Ist die Fahrt frei, so ist die Signallaterne grün geblendet. Das grüne Licht ist gewählt, um das Licht der Semaphoren von dem der vorgeschobenen Signalscheiben zu unterscheiden, welche bei freier Fahrt weisses Licht zeigen.

Wenn die beiden Sectionen, zwischen welchen ein semaphorischer Posten aufgestellt ist, frei von Zügen oder Maschinen sind, so sind die Flügel beseitigt, d. h. sie hängen senkrecht am Maste herunter; ebenso die kleinen Arme; die Kasten No. 1 zeigen eine weisse Scheibe mit der Inschrift:

Geleise $\begin{Bmatrix} I \\ II \end{Bmatrix}$ frei gegen . . . . . . . . . . . .

(Bezeichnung des correspondirenden Postens.)

Die Kasten No. 2 zeigen ebenfalls eine weisse Scheibe mit der Inschrift:

Geleise $\begin{Bmatrix} I \\ II \end{Bmatrix}$ geöffnet zu . . . . . . . . . . . .

(Bezeichnung des correspondirenden Postens.)

Sobald ein Zug oder eine Maschine in eine Section zwischen zwei semaphorische Posten eintritt, stellt der Signalwärter, welcher den Zug ablässt, das vorgeschobene Signal auf „Halt", sofern es nicht schon geschehen sein sollte, und macht mit der Kurbel desjenigen Kastens No. 1, welcher dem Geleise entspricht, auf welchem sich der Zug bewegt, etwas mehr als eine halbe Umdrehung. In Folge dieser Bewegung stellt sich der grosse Flügel des Postens, welcher mit dem Kasten No. 1 verbunden ist, horizontal, d. h. auf „Halt"; auf dem nachfolgenden Posten läutet das Klingelwerk, während der kleine Arm sich horizontal stellt, und in dem mit diesem Arm verbundenen Kasten eine rothe Scheibe sichtbar wird mit der Inschrift:

Geleise $\begin{Bmatrix} I \\ II \end{Bmatrix}$ geschlossen zu . . . . . . . . . . . .

(Bezeichnung des Postens, von welchem aus der Zug abgelassen ist.)

Der expedirende Posten erhält unmittelbar die Empfangsanzeige des Signals durch einen Glockenschlag und durch das Erscheinen einer gelben Scheibe in seinem Kasten No. 1, mit der Aufschrift:

Geleise $\begin{Bmatrix} I \\ II \end{Bmatrix}$ Zug angemeldet nach . . . . . . . .

(Bezeichnung des Postens, gegen welchen sich der Zug bewegt.)

Sobald der Signalwärter, welchem ein Zug durch das Erscheinen des kleinen Armes des Semaphoren gemeldet ist, festgestellt hat, dass dieser Zug das vorgeschobene Signal passirt hat, stellt er diese Scheibe auf „Halt", und in dem Augenblicke, wo der Zug seinen Posten passirt, und er durch die Schlusssignale festgestellt hat, dass der Zug vollständig ist, bewegt er die Kurbel des Kastens No. 2 und beseitigt dadurch den kleinen Arm seines Postens und gleichzeitig den Flügel des vorliegenden Postens.

*Verhalten beim Zerreissen eines Zuges.* Wenn ein Signalwärter das Zerreissen eines Zuges constatirt, so darf er die vorliegende Strecke nicht eher frei geben, als bis er auf zuverlässige Weise die Gewissheit erlangt hat, dass die abgerissenen Wagen beseitigt sind.

*Blocksignale auf den Stationen.* Wenn auf einer Station ein Zug längere oder kürzere Zeit hält, ohne den Semaphoren zu passiren, so dass der Signalwärter die Schlusssignale nicht sehen kann, so darf der Apparat No. 2 nur auf specielle Anordnung des Stationsvorstehers oder seines Assistenten gehandhabt werden.

So lange der grosse Flügel eines Semaphoren horizontal auf „Halt" steht, muss auch das vorgeschobene Signal geschlossen bleiben und darf nur auf specielle Anordnung des Stationsvorstehers geöffnet werden, um einen Zug einzulassen, welcher auf der Station fahrplanmässig zu halten hat.

*Bestimmungen für den Locomotivführer.* Für den Locomotivführer ist bei Annäherung an eine Blockstation, deren vorgeschobenes Signal geschlossen ist, im Allgemeinen dasselbe Verfahren vorgeschrieben, wie bei Annäherung an eine einfache Station oder Abzweigung, nur mit dem Unterschiede, dass an Stelle des Schutzpfahles (poteau de protection) der Signalmast — Semaphor — getreten ist. Wenn bei Ankunft vor dem Semaphor derselbe auf „freie Fahrt" steht, und kein anderes Haltesignal gegeben wird, so hat der Locomotivführer die normale Fahrgeschwindigkeit wieder aufzunehmen. Wenn aber der Semaphor auf „Halt" steht, muss der Locomotivführer halten und warten, bis der Signalarm von dem nachfolgenden Signalwärter auf „freie Fahrt" gestellt wird.

Hält ein Locomotivführer vor einem auf „Halt" stehenden Semaphor, und ist ein Zeitraum von 5 Minuten seit dem Passiren des vorhergehenden Zuges verflossen, so ist, wenn keine besondere Bestimmungen entgegenstehen, der Signalwärter berechtigt, den Zug in die blockirte Station einzulassen, nachdem der Locomotivführer ihm die Nummer seiner Maschine und des Zuges angegeben hat. *Facultatives Blocksystem.*

Der Locomotivführer hat in diesem Falle vorsichtig zu fahren, derart dass er auf Gesichtsweite den Zug zum Halten bringen kann, sofern das Geleise nicht frei sein sollte. Auf diese Weise fährt er bis zum nächsten Haltesignal bezw. vorgeschobenen Signal des nächsten Signalpostens vor, und wenn dieses auf „freie Fahrt" stehen sollte, hat er die normale Fahrgeschwindigkeit wieder aufzunehmen. *Vorschrift für den Locomotivführer.*

Unter besonderen Umständen kann dieser Zeitraum von 5 Minuten auch noch auf 2 Minuten verringert werden.

Die Einführung der Blocksignale verliert durch diese Bestimmungen allerdings viel an ihrem Werth; doch ist dieses Verfahren auch auf einigen englischen Bahnen üblich.

Wenn auf diese Weise ein Zug in einen bereits besetzten Bahnabschnitt eintritt, hat der betreffende Signalwärter, an dessen Semaphor der zweite Zug vorbeifährt, seinen Apparat No. 2 zu gebrauchen, um anzuzeigen, dass derjenige Bahnabschnitt, welchen der Zug verlassen, frei ist; hierauf hat er abzuwarten, bis sein Apparat No. 1 sich auf „freie Fahrt" stellt und ihm anzeigt, dass der erste in die nachfolgende Section ein- *Vorschrift für den Signalwärter.*

Kecker, Vergl. Studien über Eisenbahn-Signalwesen. 4

gelassene Zug dieselbe passirt hat. Er stellt dann sofort seinen Apparat No. 1 auf „Halt", um den zweiten vorgelassenen Zug weiter zu signalisiren und rückwärts zu decken.

Dieses Manöver ist so oft zu wiederholen, als Züge oder Maschinen an dem geschlossenen Blocksignal vorbeigefahren sind.

Jede Blockstation ist mit einer Schiefertafel versehen, auf welche der Wärter jeden Zug oder jede Maschine einträgt, welche das wegen eines vorangegangenen Zuges geschlossene Signal überfahren hat, und löscht er diese Notiz, sobald der nachfolgende Wärter sein Signal auf „freie Fahrt" stellt.

*Verhalten bei Betriebsstörungen.*

Wenn aus irgend einer Veranlassung eines der beiden Hauptgeleise unfahrbar geworden sein sollte und in Folge dessen das andere Hauptgeleise in beiden Richtungen befahren werden muss, so behalten die Semaphoren, welche für das ausser Betrieb gesetzte Geleise Giltigkeit hatten, diese für diejenigen Züge bei, welche das andere Geleise in entgegengesetzter Richtung befahren.

*Hilfssignale mittelst der Semaphoren.*

Mit Hilfe der mit den Semaphoren verbundenen Umschalter und Klingelwerke können die Signalwärter noch nachstehende Signale geben:

I. Ein langer Ton: „Anruf und Antwort auf den Anruf".

II. Zwei lange Töne: „Handhabe den Apparat No. 2, um meinen Signalflügel zu beseitigen" (Richtigstellung des Apparats).

III. Drei Töne: „Handhabe den Apparat No. 1, um meinen kleinen Arm erscheinen zu lassen" (Richtigstellung des Apparats).

IV. Wiederholte kurze Töne: „Benachrichtige die Station, um in telegraphische Correspondenz zu treten". (Von der freien Strecke aus wird dieses Signal von Posten zu Posten bis zur Station gegeben.)

V. Ein kurzer Ton: „Verstanden" — „Gut".

In vielen Fällen ist es erforderlich, die Stellung eines Signals auf „freie Fahrt" von der übereinstimmenden Handlung zweier Signalwärter abhängig zu machen, in der Art, dass keiner der Wärter für sich im Stande ist, dasselbe auf „freie Fahrt" zu stellen. *Abhängigkeit eines Armsignals von mehreren Signalwärtern.*

Dieser Zweck kann auf sehr einfache Art dadurch erreicht werden, dass in der den Signalarm bewegenden Zugstange zwei Coulissen angebracht sind, in denen sich zwei Hebel befinden, von denen je einer von den verschiedenen Wärterposten aus bewegt werden kann. In der Ruhestellung hält jeder den Signalarm in der Stellung auf „Halt". — Ist einer der beiden Signalwärter mit der Freigabe der Fahrt für einen Zug einverstanden, so bewegt er seinen Hebel in entsprechendem Sinn. Das Signal bleibt aber auf „Halt" stehen, weil es durch den Hebel des zweiten Postens in dieser Stellung festgehalten wird. Erst wenn der zweite Signalwärter ebenfalls seinen Hebel in demselben Sinn umlegt, stellt sich das Signal auf „freie Fahrt".

Diese Abhängigkeit eines Signals von zwei verschiedenen Wärterposten hat man nicht allein auf mechanischem, sondern auch auf electromagnetischem Wege hergestellt.

---

IV. Bei den englischen Bahnen ist man bemüht gewesen, die Signale möglichst zusammen zu fassen, um dadurch leicht übersichtliche Signalbilder zu schaffen. Als Princip ist festgehalten, dass der Bezirk einer jeden Block- *Gruppirung von Signalen zu einem Bilde.*

station und eines jeden Centralapparats mit Wege- und Distanzsignalen versehen, eine in sich abgeschlossene nach allen Seiten hin gesicherte Station bildet.

**Blockstation.** Die einfache Blockstation ist ausgestattet mit einem Maste, der an seinem oberen Ende mit je einem Signalarm, nebst Signallaterne für die beiden verschiedenen Fahrrichtungen ausgerüstet ist, sowie für jede Fahrrichtung mit einem vorgeschobenen, aus einem Maste mit einem Signalarm, nebst Laterne für die Nachtsignale, bestehenden Distanzsignal.

**Abzweigung.** Bei einer einfachen Abzweigung ist in der Nähe der abzweigenden Weichen ein Mast aufgerichtet, an welchem die beiden Arme für die abzweigende Bahn unter denjenigen für die Hauptbahn angebracht sind.

Ausserdem ist eine solche Abzweigung mit drei vorgeschobenen Distanzsignalen ausgerüstet.

**Zwischenstation.** Eine einfache Zwischenstation hat an jedem Ende, auf ca. Zuglänge von einander entfernt, je ein Einfahrts- und ein Ausfahrtssignal, welche an einem Maste befestigt sind. Für die Einfahrt aus jeder Fahrrichtung ist ausserdem ein vorgeschobenes Distanzsignal vorhanden. Für die Ausfahrt sind Distanzsignale nicht vorhanden, wohl aber für die Durchfahrt, wenn die Station von Zügen fahrplanmässig durchfahren wird.

Befindet sich auf einer solchen Station ein Ueberholungsgeleise, aus welchem Züge abgelassen werden, so ist für diese Züge ein besonderes Ausfahrtssignal an einem Nebenmaste vorhanden.

**Doppelbahnen.** Laufen mehrere Bahnen nebeneinander, so sind für jede Bahn besondere Maste errichtet und tragen alsdann die Signale der Nebenbahn zur besseren Unterscheidung von denen der Hauptbahn ein besonderes Zeichen, in der Regel ein Ring oder Kranz.

Bei **grösseren** Stationen compliciren sich selbstverständlich die Einfahrts- bezw. auch die Ausfahrtssignale, immer aber ist festgehalten, dass für **jedes Stamm-Geleise**, auf welchem ein Zug sich einer Station nähert, **ein besonderer Mast** errichtet ist, und dieser so viel Signalarme erhält, als sich von diesem Geleise Wege abzweigen.

*Grössere Stationen.*

Die Ausfahrtssignale sind, sofern sie sich nicht mit den Einfahrtssignalen in entsprechender Uebereinstimmung an demselben Maste anbringen liessen, an besonderen Masten befestigt, und zwar ist für jedes Fahrgeleise ein besonderer Mast errichtet.

*Ausfahrtssignale.*

In allen Fällen, in denen der Weg, welcher für einen fahrenden Zug geöffnet ist, nicht sofort zweifellos erkannt werden kann, ist die Bezeichnung desselben entweder direct auf die Signalarme geschrieben oder in Form einer transparenten Tafel auf denselben befestigt.

*Bezeichnung der Signalarme.*

Die Distanzsignalarme sind häufig unter dem Hauptsignal eines vorhergehenden Postens angebracht. Der Locomotivführer sieht dann gleichzeitig, ob auch das nachfolgende Hauptsignal auf „freie Fahrt" steht. **Niemals aber ist das Distanzsignal einer Signalstation über das Hauptsignal der vorliegenden Signalstation hinaus vorgeschoben.**

*Distanzsignale.*

---

Als ein Beispiel, in welcher Weise bei äusserst complicirten Verhältnissen die Signalarme zu einem Bilde übersichtlich gruppirt werden, sei hier das Signalbild der Station Cannon-Street angeführt.

*Station Cannon-Street.*

Die Station Cannon-Street hat neun Geleise, von denen die Geleise 1 bis 4 und 6 bis 9 mit Perrons versehen sind und als Ein- und Ausfahrtsgeleise benutzt werden. Nur das Geleise 5 dient zur Aufstellung von

*Allgemeine Beschreibung der Station.*

Reservezügen. Zur Station führen zwei nebeneinander liegende Einfahrtsgeleise, welche als östliches und westliches Einfahrtsgeleise bezeichnet werden und durch eine sehr complicirte Geleiseanlage, bei welcher, um längere Weichenstrassen zu vermeiden, Kreuzungen und Ueberschneidungen von Geleisen in der mannigfachsten Art vorkommen, derart mit den Perrongeleisen verbunden sind, dass man von jedem der beiden Einfahrtsgeleise aus jedes der Perrongeleise erreichen kann.

Neben dem östlichen Einfahrtsgeleise liegt ein Ausfahrtsgeleise, welches ebenfalls aus allen acht Perrongeleisen erreichbar ist.

*Anordnung der Signalarme.*

Dieser generellen Anordnung entsprechend sind nun die Signalarme der die Ein- und Ausfahrt sichernden Centralapparate gruppirt worden. Da man der erforderlichen bedeutenden Höhe wegen Bedenken getragen hat, acht Signalarme übereinander an einem Maste zu befestigen, hat man jeden Mast in seiner Länge getheilt und sind für jedes Einfahrtsgeleise zwei Masten aufgestellt, deren jeder vier Einfahrtssignale erhalten hat, so dass sich an den vier Signalmasten 16 Einfahrtssignalarme befinden.

Diese Ausnahme von der Regel ist dem Personal durch besondere Instruction mitgetheilt worden. Jeder Arm trägt nach seiner Bestimmung die Bezeichnung E (Ost) oder W (West), sowie die Nummer des Geleises, für welches er Giltigkeit hat.

*Nummerirung der Geleise.*

Die Nummerirung der Geleise ist von dem der Station sich nähernden Locomotivführer aus gesehen in der Weise erfolgt, wie man die Zahlen schreibt, also links mit No. 1 anfangend und rechts mit No. 9 endigend.

In gleicher Weise sind die Signalarme ebenfalls so bezeichnet, wie man die Zahlen schreibt, d. h. von oben nach unten und von links nach rechts. Bei einem Ausfahrtsgeleise sind nur acht Ausfahrtssignale nothwendig und sind diese an den Signalmasten neben den entsprechenden Einfahrtssignalarmen angebracht. Für dieses Hauptsignal sind drei Distanzsignale vorhanden.

Neben dieser Signalisirung der Hauptzüge besteht noch für die zwischen Greenwich und Charing Cross coursirenden Localzüge, welche die Station Cannon-Street passiren, die Anordnung, dass dieselben bei Einfahrt in die Station Cannon-Street das ganze Geleise- und Weichensystem überschneiden, so dass ein von Charing Cross, also von Westen her kommender Localzug zu Cannon-Street in das östliche Geleise No. 9 einfährt, während ein von Greenwich kommender Localzug in das Geleise No. 1 bezw. das Geleise 2 oder 3 geführt wird. Um dieses Ueberschneiden des Systems zum Ausdruck zu bringen, ist auf jeder Seite der vier Hauptmasten je ein Nebenmast für die Localzüge errichtet worden, von denen jeder zwei Einfahrtssignale entsprechend dem östlichen und westlichen Einfahrtsgeleise und ein Ausfahrtsignal trägt.

<small>Nebensignale.</small>

Ausser den vorhin erwähnten drei Haupteinfahrtsund Ausfahrtsgeleisen führt von der Station Cannon-Street ein dem Localverkehr dienendes viertes Geleise nach Station Charing Cross, welches westlich neben den Einfahrtsgeleisen liegt. Dieses Geleise wird von den PerronGeleisen 1 bis 3 aus befahren. Unter der Perronhalle befindet sich ein besonderer Signalmast mit drei Armen untereinander und der Bezeichnung der Geleise No. 1, No. 2, No. 3, aus denen die Ausfahrt erfolgt.

Oestlich der für die Züge bestimmten Geleise befindet sich ferner ein Geleise für den Verkehr der Locomotiven zwischen der Station Cannon-Street, welche auf dem linken Themseufer liegt, und der auf dem rechten Themseufer befindlichen Locomotivstation.

<small>Maschinengeleise.</small>

**Locomotivsignale.** Für den Verkehr der Maschinen zwischen diesen beiden Stationen sind an jeder Seite der den Centralapparat tragenden Brücke je acht Scheibensignale angebracht, welche sich um eine verticale Achse drehen und in der normalen Stellung nach aussen eine rothe Scheibe bezw. rothes Licht zeigen; wird aber die Fahrt für eine Maschine aus bezw. nach einem bestimmten Geleise frei gegeben, so zeigen sie eine weisse Scheibe bezw. grünes Licht. Die acht äusseren Signale gelten für die einfahrenden, die acht inneren für die ausfahrenden Maschinen und sind dieselben, durch die Brücke gedeckt, nur von einer Seite sichtbar. Diese Scheibensignale tragen entsprechend der Bezeichnung der Geleise, für welche sie Giltigkeit haben, d. h. in welche die leeren Maschinen einfahren bezw. aus denen sie ausfahren sollen, die No. 1 bis 4 und 6 bis 9. Die Stellhebel dieser Signale sind in dem Verschlussmechanismus der Centralapparate nicht aufgenommen.

**Rangirsignale.** Schliesslich sind noch zwei Signalarme vorhanden, welche nur von der Perronhalle aus sichtbar sind und angewendet werden, wenn Züge aus den nebenliegenden Geleisen in das Aufstellungsgeleise No. 5 umgesetzt werden sollen.

**Verschluss der Weichenspitzen.** Bei dem Centralapparate älterer Construction auf Station Cannon-Street sind besondere Verschlussriegel für die Weichen nicht vorhanden.

Der Verschluss der Weichen, welche gegen die Spitze befahren werden, findet vielmehr durch Druckschienen statt, welche mit der Stellvorrichtung der Weichen direct verbunden sind und durch die Radflanschen seitwärts gegen die Schiene gedrückt werden.

Das Bild, welches sich dem der Station nähernden Locomotivführer darbietet, ist wie nachstehend skizzirt:

SIGNALBILD. 55

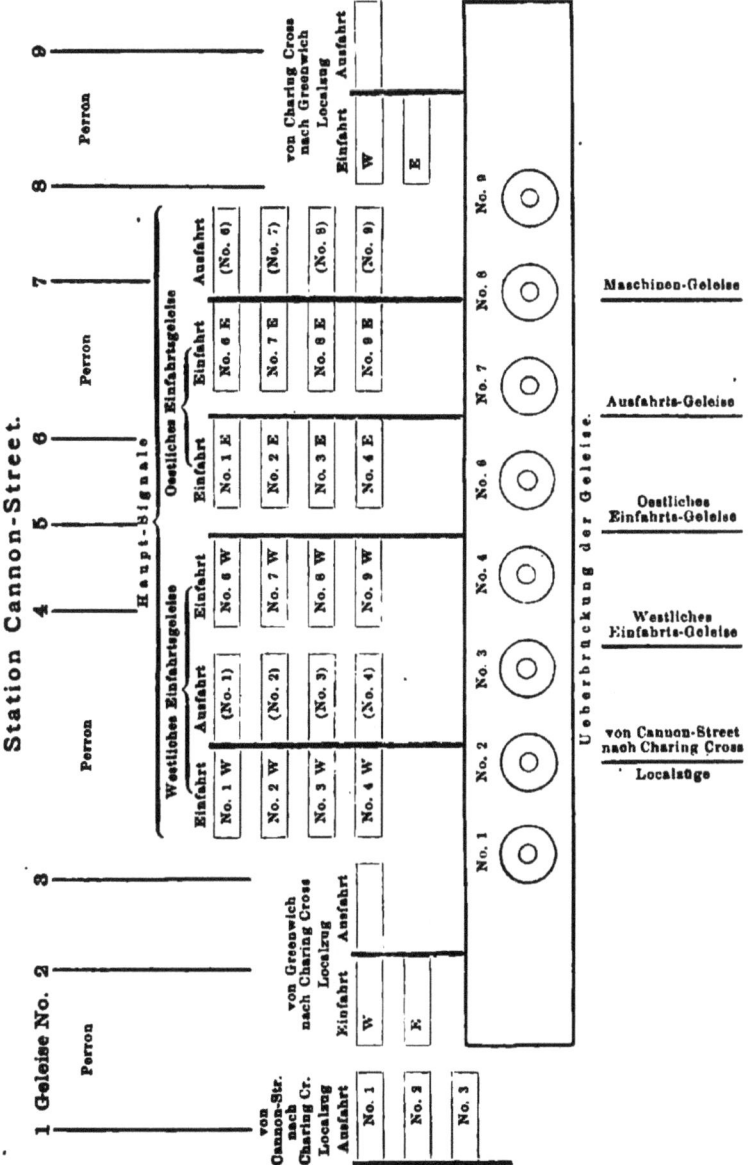

Man kann sich in Anbetracht des aussergewöhnlich grossartigen Verkehrs auf Station Cannon-Street kaum etwas Uebersichtlicheres denken, als das vorstehend beschriebene Signalsystem. Der Betrieb wickelt sich mittelst desselben ab wie ein aufgezogenes Uhrwerk.

Ankunfts- und Abfahrtszeiten der Züge sind durch den Fahrplan festgestellt. Die Ausfahrt der einzelnen Züge erfolgt aus vorher dafür bestimmten Geleisen und die Einfahrt allgemein in dasjenige Geleise, aus welchem demnächst die Ausfahrt erfolgen soll. Der Dienst ruht fast allein in den Händen des betreffenden Signalwärters, welcher das Signal für die Einfahrt eines Zuges nicht eher giebt, bis er sich davon überzeugt hat, dass das betreffende Geleise von Maschinen und Zügen frei ist. Die Thätigkeit des diensthabenden Stationsbeamten (Plattform-Inspectors) beschränkt sich darauf, mit Hilfe einiger Rangirer die Freistellung der Geleise von denjenigen Maschinen, welche Züge angebracht haben, oder derjenigen Züge, welche auf das Geleise 5 umgesetzt werden müssen, zu leiten.

*Besetzung der Centralapparate.*

Im Centralapparat Cannon-Street sind in der Regel gleichzeitig fünf Personen beschäftigt, von denen zwei Beamte durch die Handhabung der Signal- und Weichenhebel, zwei Knaben durch die Bedienung der electromagnetischen Zugmeldeapparate und die Notirung der Ein- und Ausfahrtszeiten in die Zugrapportbücher in Anspruch genommen sind, und ein fünfter älterer Beamter mit der allgemeinen Aufsicht betraut ist. Auf den einfachen Signalstationen ist in gleicher Weise in der Regel ein älterer Beamter beschäftigt, dem ein Knabe als Lehrling beigegeben ist. Es wird auf diese Weise ein von Jugend auf geschultes und daher durchaus zuverlässiges Personal gebildet, ohne welches die englischen Bahnen wohl kaum im Stande wären, einen so grossartigen Verkehr aufrecht erhalten zu können.

Wenn nun von verschiedenen Seiten dem englischen Signalsystem der Vorwurf gemacht wird, dass bei demselben eine zu grosse Anhäufung von Signalen stattfinde, so kann ich diesem Vorwurf auf Grund persönlich gemachter Erfahrungen doch nicht beitreten. Es giebt nichts Uebersichtlicheres als ein Signalbild, welches sämmtliche Signale der in dem Bereiche eines Centralapparates vermittelten Wege enthält. Missverständnisse sind vollständig ausgeschlossen, weil der sich dem Bereiche eines Centralapparates nähernde Locomotivführer, welchem vorher das Geleise bekannt ist, in welches der Zug einfahren soll, sofort sieht, ob der von seinem Zuge zu durchfahrende Weg für die Ein- bezw. Weiterfahrt geöffnet ist. Bei Dunkelheit erkennt er leicht, ob durch Verlöschen einer Signallaterne eine Entstellung des Signalbildes stattgefunden hat.

Es ist jedoch in Folge von Erweiterungen der Bahnanlagen vielfach erforderlich geworden, in das frühere System der Signalstationen neue Centralapparate einzuschieben, welche dann zuweilen mit ihren Signalen in die Bereiche benachbarter Signalstationen hineinreichen, so dass es allerdings vorkommt, dass am Anfange eines Perrons Distanzsignale aufgestellt sind, welche einem nachfolgenden Centralapparate angehören und nur für die Station durchfahrende Züge Giltigkeit haben, nicht aber für solche Züge, welche auf dieser Station fahrplanmässig zu halten haben, während anderseits die am entgegengesetzten Ende desselben Perrons aufgestellten Ausfahrtssignale nur für diese Localzüge gelten, nicht aber für directe Züge, welche diese Station fahrplanmässig durchfahren sollen. In diesem Fall ist durch die Art der Aufstellung dafür gesorgt worden, dass die Localsignale auf den Gang der directen Züge von keinem störenden Einfluss sind.

**Aufstellung der Centralapparate und Signalmaste.**

Wie bereits erwähnt, wird die in früherer Zeit vielfach gewählte Aufstellung der Centralapparate mit ihren Signalen auf einer die Bahn überbrückenden Construction bei den neuen Anlagen von Centralapparaten möglichst vermieden, weil diese Ueberbrückungen die Aussicht auf die nachfolgenden Signale in der Regel verdecken. Die Gebäude, welche die Centralapparate tragen, sind daher seitwärts der Bahn erbaut, die Signale an einzelnen Masten angebracht worden, welche sich event. ausserhalb des freien Profils der Bahn in einer der Anzahl der Geleise entsprechenden Anzahl kleiner Maste gabeln, so dass für jedes Geleise ein besonderer Mast vorhanden ist, welcher wiederum so viele Arme trägt, als Wege von diesem Geleise abzweigen.

---

**Signalsystem der Belgischen Staatsbahn.**

**V.** In neuerer Zeit haben die belgischen Staatsbahnen angefangen, ihre sämmtlichen Stationen und Abzweigungen mit Centralapparaten von Saxby & Farmer auszurüsten. Sie sind dabei aber in der Anordnung der Signale insofern von den englischen Bahnen abgewichen, als an den einzelnen Masten die Signalarme immer nur an der linken Seite derselben, vom Locomotivführer aus gesehen, angebracht sind.

**Anordnung der Signalarme.**

Wenn sich mehrere Arme an einem Maste befinden, so sind sie in der Reihenfolge geordnet, in welcher sich die verschiedenen Wege von dem gemeinschaftlichen Stammgeleise aus, von links nach rechts gezählt, öffnen, so dass der oberste Arm für den äussersten links abzweigenden Weg Gültigkeit hat und so der Reihe nach.

**Signallaternen.**

Bei Dunkelheit treten Laternen mit rothem und grünem Licht an die Stelle der Arme, und bedeutet das rothe Licht entsprechend der horizontalen Stellung des Armes „Halt", während der geneigten Stellung der Arme entsprechend grünes Licht die „Fahrt frei" giebt.

Die Signalarme sind auf der Seite, welche Gültigkeit hat, roth gestrichen und tragen erforderlichen Falls eine schwarze Inschrift, welche den Weg oder die Nummer des Geleises angiebt, auf welche sie sich beziehen. *(Bezeichnung der Signalarme.)*

Ausserdem kommen quadratische, um eine verticale Achse drehbare Distanzsignale zur Anwendung; auch sind runde Scheiben als Localsignale in Gebrauch. *(Distanzsignale.)*

Die Semaphoren und Distanzsignale gebieten ein **absolutes „Halt"**.

Bei Annäherung an ein Distanzsignal haben die Locomotivführer ein langes Achtungssignal mit der Dampfpfeife zu geben. Die Stelle, wo dieses Signal zu geben, ist durch eine neben der Bahn aufgestellte Tafel mit entsprechender Inschrift bezeichnet. Bei Abzweigungen ist auf dieser Tafel auch angegeben, wie oft für jede der einzelnen Richtungen zu pfeifen ist. *(Vorschrift für den Locomotivführer.)*

Als normale Stellung ist für sämmtliche Signale die Stellung auf „Halt" vorgeschrieben, und werden dieselben nur auf „freie Fahrt" gestellt, um einen Zug oder eine Maschine passiren zu lassen. *(Handhabung der Signale.)*

Bevor ein Zug in eine Station eingelassen wird, sind sämmtliche Weichen, welche derselbe zu passiren hat, in die vorgeschriebene Lage zu bringen, und kann erst dann das betreffende Signal auf „freie Fahrt" gestellt werden. Auf „Halt" darf dieses Signal erst wieder zurückgestellt werden, nachdem der Schluss des Zuges die entsprechenden Weichen passirt hat.

Dient der Hebel eines Centralapparates dazu, ein Signal eines vorhergehenden Centralapparates für die Stellung auf „freie Fahrt" frei zu geben, so darf dieser Hebel — Gefahr ausgeschlossen — erst wieder in die Normal- oder Ruhestellung zurückgelegt werden, wenn der betreffende Zug dieses Signal passirt hat.

Gemäss der vorstehend erwähnten Anordnung der Signalarme an nur einer Seite des Mastes ist es bei den belgischen Staatsbahnen erforderlich geworden, eine grössere Zahl von Masten aufzustellen, als es bei den englischen Bahnen üblich ist.

*Abzweigung Brüssel-Nord.*
In der Nähe des Bahnhofes Brüssel-Nord z. B. zweigen aus einem Stammgeleise die drei Bahnen nach Alost, Mecheln und Luxemburg ab. Vor der ersten abzweigenden Weiche steht nun links vom Stammgeleise ein Mast mit drei Signalarmen untereinander, für jede der drei Richtungen je einer. — Für die entgegengesetzte Fahrrichtung steht neben jeder der drei Bahnen ein einarmiger Signalmast. Für jeden Signalmast ist ein Distanzsignal vorhanden.

*Bahnhof Brüssel-Nord.*
Der Bahnhof Brüssel-Nord dient ausschliesslich dem Personenverkehr und besteht aus einem Innenbahnhofe für die Abfertigung der Personenzüge und einem äusseren Bahnhofe, in welchem die erforderlichen Maschinen und Wagenparks untergebracht werden. Beide sind durch die Fussweg-Ueberführung der Rue Allard getrennt, welche gleichzeitig zur Aufstellung und Anbringung von Signalmasten und -armen benutzt ist. Der Personenbahnhof, welcher ursprünglich aus einer Halle mit vier Perrongeleisen bestand, wurde im Laufe der Zeit mit der Ausdehnung des Staatsbahnnetzes wesentlich erweitert und wurden vor der Halle noch sieben weitere Perrongeleise hergestellt. Der östlichere Theil dieser Geleise dient für die Einfahrt, der westliche für die Ausfahrt der Züge. Das Geleise No. 6 wird gleichzeitig für die Ein- und Ausfahrt der directen Personenzüge benutzt.

Unter der vorhin erwähnten Fussweg-Ueberführung sind diese Geleisegruppen zu vier Geleisen A, B, C und D vereinigt und dient das östliche derselben, A, als Haupteinfahrtsgeleise, das zweite, B, für den Verkehr zwischen Wagenhalle und den Perrongeleisen, sowie zum Umsetzen von Wagentrains von der Ankunfts- auf die Abfahrtsseite, das dritte, C, als Hauptausfahrtsgeleise, das westlichste vierte Geleise, D, führt zu den Maschinenschuppen.

Für jeden Theil des Bahnhofes ist ein Centralapparat aufgestellt. Der Centralapparat des Perronbahnhofes enthält 113 Hebel für das Stellen und Verriegeln der Weichen, das Oeffnen und Schliessen der Signale sowie das Freigeben der Einfahrtssignale des vorliegenden Centralapparates. *Aufstellung der Centralapparate.*

Die von fahrplanmässigen Zügen gegen die Spitze befahrenen Weichen werden durch besondere Hebel verriegelt. *Verriegelung der Weichenzungen.*

In den Bahnhof Brüssel-Nord einfahrende Züge begegnen zunächst einem Distanzsignal, dann einem einarmigen Einfahrtssignal, welche beide zum äusseren Centralapparat gehören, jedoch vom inneren Centralapparat in Abhängigkeit gesetzt sind. An der Fusswegbrücke ist für diese Züge ein Signalmast mit sechs Armen untereinander errichtet, von denen jeder die Bezeichnung des Geleises trägt, für welches er Giltigkeit hat. *Aufstellung der Signalmaste.*

Auf der Brücke selbst sind ferner drei einarmige Signalmaste aufgestellt, welche die Ausfahrt von Zügen auf den Geleisen A, B und C freigeben. Ausserdem befinden sich vor jedem Ende der einzelnen Perrons Signalmaste, welche als Ausfahrtssignale für die einzelnen Züge dienen; es sind deren zwölf Stück und tragen dieselben je ein oder mehrere Signalarme, je nachdem der abfahrende Zug Wege einschlagen kann, um in das Hauptausfahrtsgeleise zu gelangen. Diese Maste sind der Lage der Perrons zur Halle entsprechend in zwei Reihen hintereinander geordnet, von denen die erste Reihe am Ende des Hallenperrons, die zweite Reihe am Ende des Aussenperrons aufgestellt sind.

Im Bereich des äusseren Centralapparats sind ferner an geeigneter Stelle ein dreiarmiger Signalmast für die Ausfahrt aus dem Wagendepot und zwei doppelarmige Signalmaste für den Verkehr von dem Locomotivschuppen nach dem Innenbahnhof errichtet.

## SIGNALBILD ZU BRÜSSEL-NORD.

Um das Umsetzen von Zügen und die Bewegung von Rangirmaschinen aus dem Innenbahnhof durch die Geleise A, B, C und D nach dem Wagendepot, dem Hauptausfahrtsgeleise, sowie nach der Locomotivremise und in umgekehrter Richtung zu regeln, sind schliesslich noch an jeder Seite der Fusswegüberführung vier Signale untergeordneter Bedeutung angebracht worden, welche nur von der Seite der Bewegung her sichtbar sind.

*Signalbild.* Das Signalbild, welches sich dem einfahrenden Locomotivführer an der Fusswegüberführung darstellt, ist wie nachstehend skizzirt:

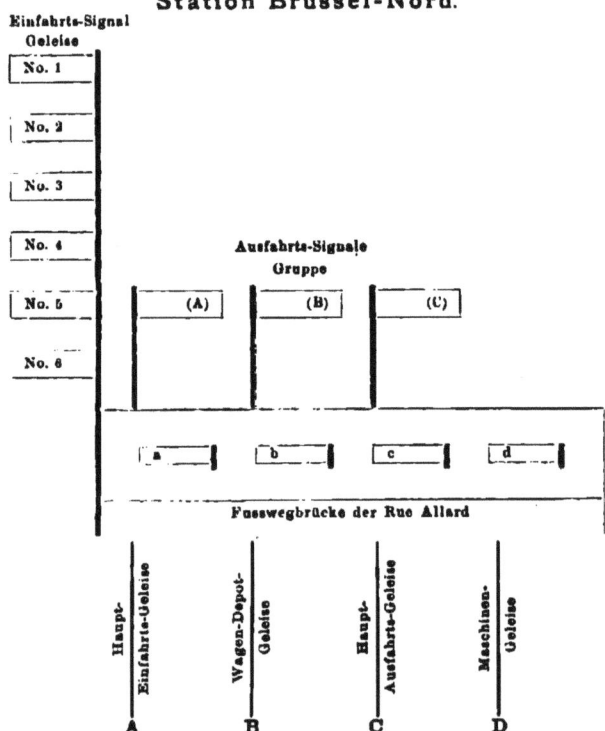

## BELGISCHES SIGNALSYSTEM. 63

Für die Verständigung der Signalwärter untereinander dienen electromagnetische Apparate, welche hinter einer Glasscheibe die Bezeichnung des abgehenden oder zu erwartenden Zuges erscheinen lassen.

*Verständigung der Signalwärter untereinander.*

Der Stations-Vorsteher oder dessen Vertreter sorgt nur dafür, dass die betreffenden Einfahrtsgeleise frei sind. Für die Verständigung zwischen Station und Signalwärter sind besondere Vorkehrungen nicht getroffen. Der Signalwärter kann von seinem Standpunkte aus sehen, ob die Geleise frei sind oder nicht; die Ankunfts- und Abfahrtszeiten eines jeden Zuges sind dem Signalwärter tabellarisch übersichtlich bekannt gegeben.

*Betriebsdienst.*

Es ist nicht zu leugnen, dass die bei den belgischen Staatsbahnen übliche Anordnung der Signale den Vorzug hat, dass jedes Signal ziemlich genau an der Stelle steht, von welcher ein Zug ausgeht, bezw. abgelenkt wird; da aber in Folge dessen neben jeder Weiche, welche gegen die Spitze befahren wird, also zwei Wege gestattet, ein zweiarmiger Signalmast aufgestellt ist, so ist auf den neueingerichteten Bahnhöfen der belgischen Staatsbahnen eine nicht unbedenkliche Anhäufung von Signalmasten eingetreten, welche die Uebersicht zweifellos erschweren muss.

*Vorzüge des belgischen Systems.*

**VI.** Will man nun aus den vorstehend beschriebenen Einrichtungen Schlüsse ziehen, so dürfte man zunächst zu dem Resultate gelangen, dass man im Signalwesen zwei Systeme zu unterscheiden hat:

*Schluss-Betrachtungen.*

Das erste System ist vorzugsweise in Frankreich ausgebildet. Die wesentlichen Punkte desselben sind:

*Verschiedenheit der Signalsysteme.*

Die Bahn ist frei, wenn keine Signale sichtbar sind.

Die sichtbaren Signale gebieten kein absolutes „Halt", lassen vielmehr ein vorsichtiges Weiterfahren zu.

Das Blocksystem, soweit es eingeführt, ist kein absolutes, da es gestattet, dass sich in derselben Section und auf demselben Geleise gleichzeitig mehr als ein Zug oder eine Maschine befinden dürfen.

Das zweite System ist in England allgemein herrschend. Als Grundsatz gilt:

Die Bahn ist in der Regel geschlossen; das sichtbare Haltsignal wird nach Erfordern in ein sichtbares Fahrsignal umgewandelt.

Das Blocksystem ist ein absolutes; d. h. zwischen zwei Blockstationen darf auf demselben Geleise sich stets nur ein Zug oder eine Maschine befinden.

Bei uns in Deutschland neigt man im Allgemeinen mehr dem zweiten System zu, und hat man sich mit den betreffenden Einrichtungen an die englischen Einrichtungen angelehnt, welche in der That, wegen ihrer Einfachheit und Einheitlichkeit, vor den zwar sehr sinnreichen aber mannigfaltigeren französischen den Vorzug verdienen. Die deutsche Signalordnung entbehrt jedoch noch der erforderlichen Vollständigkeit. Es wäre zu wünschen, dass die Motive zu derselben mehr bekannt würden, um widersprechende Auslegungen zu vermeiden.

*Deutsche Signalordnung.*

Um einen Eisenbahnbetrieb sicher durchzuführen, ist erforderlich:

*Sicherung des Betriebes.*

1) dass für jeden Zug Zeit und Weg genau präcisirt wird, und zwar:

dass der Fahrplan den Fahrzeiten zwischen den einzelnen Stationen, der Schwere des betreffenden Zuges und der Leistungsfähigkeit der Maschine, sowie den erforderlichen Aufenthaltszeiten auf den einzelnen Stationen entsprechend so aufgestellt ist, dass er ohne wesentliche Verspätungen durchgeführt werden kann;

dass, wenn von dem vorgeschriebenen Wege abgewichen werden muss, der Locomotivführer des betreffenden Zuges rechtzeitig vorher davon in Kenntniss gesetzt wird;

2) dass die Signale präcise und unzweideutig gegeben werden und über den Weg, welchen sie anzeigen, keinen Zweifel lassen;
3) dass die gegebenen Signale von dem Locomotivführer gewissenhaft beobachtet werden.

Je einfacher und einheitlicher ein Signalsystem ist, desto empfehlenswerther wird es sein.

Wenn nun auch in Deutschland die Dichte des Verkehrs noch lange nicht so bedeutend ist als in England,

*Wahl eines Systems.*

wird es sich doch empfehlen, sich für ein Signalsystem zu entscheiden, welches auch den weitgehendsten Anforderungen zu genügen im Stande ist, um nicht in die Lage zu kommen, wie in Frankreich, bei weiterer Ausbildung des Systems jahrzehntelang festgehaltene Principien aufgeben zu müssen. Bei dem raschen Wachsen einzelner Städte als Verkehrscentren ist es leicht möglich, dass, wie in Brüssel, in einen vorhandenen Bahnhof fünf bis sechs Linien eingeführt werden müssen, ohne dass für jede Linie besondere Ein- und Ausfahrtsgeleise hergestellt werden können. Zu gewissen Tagesstunden werden dann von allen Seiten Züge innerhalb eines möglichst kurzen Zeitraumes hintereinander einlaufen, um die Anschlüsse an andere ebenfalls in möglichst kurzen Zwischenräumen hintereinander abgehende Zügen zu erzielen.

*Hauptsignale.* Hat man sich nun für das zweite System entschieden, bei welchem sowohl die Signale „freie Fahrt" als auch „Halt" sichtbar sein sollen, so kann man für dasselbe zweckmässig auch nur Flügelsignale wählen, da das Signal „freie Fahrt" mit einer einfachen, um eine verticale oder horizontale Achse drehbaren Scheibe nicht gegeben werden kann. Es ist ein besonderer Vorzug der Flügelsignale, dass sie ein ausserordentlich characteristisches Bild geben, welches bei zweckmässiger Aufstellung auch auf weite Entfernung seine Deutlichkeit nicht verliert.

*Distanzsignale.* Da die Distanzsignale insofern denselben Zweck haben, wie die Hauptsignale, als sie die Weiterfahrt freigeben oder verbieten, so liegt kein besonderer Grund vor, bei demselben System für diese beiden Signale verschiedene Formen anzuwenden, vielmehr wird eine leicht erkennbare Abweichung in der Form der Flügelenden genügen, um den Unterschied anzuzeigen.

Von einer näheren Beschreibung der in Deutschland

üblichen, durch die Signalordnung für die Eisenbahnen
Deutschlands vorgeschriebenen Signale glaube ich Abstand
nehmen zu können, da dieselben hinreichend bekannt sein
dürften. Dieselben sind ausserdem in dem Werke „Die
Schule für den äusseren Eisenbahnbetrieb" von Brosius
und Koch eingehend behandelt und sollen hier nur noch
mit den entsprechenden englischen und französischen
Signalen verglichen werden.

Die durch die Signalordnung für die Eisenbahnen
Deutschlands vorgeschriebenen Bahnhofs-Abschlusstelegraphen stimmen mit den einfachen Hauptsignalen der
englischen Bahnen genau überein; die Blocksignale und
die Mastsignale für die freien Strecken unterscheiden sich
nur dadurch von denen der englischen Bahnen, dass bei
Dunkelheit die „freie Fahrt" durch weisses statt
grünes Licht angezeigt wird, was jedenfalls seine principielle Berechtigung hat, während die englischen Bahnen
aus praktischen Rücksichten für die „freie Fahrt"
allgemein das grüne Licht eingeführt haben, um eine Verwechselung mit anderem weissen Licht zu vermeiden. Es
dürfte kein principieller Unterschied darin zu finden sein,
dass bei den englischen Signalmasten die Arme, wenn sie
„freie Fahrt" zeigen, um 45 Grad unter die Horizontale geneigt sind, und beim Nachlassen des Zugdrahtes
durch ein Gegengewicht in die horizontale Haltstellung
zurückgezogen werden, während bei den deutschen Signalmasten die Signalarme bei „freier Fahrt" um 45 Grad
über die Horizontale gehoben werden und durch ihr
eigenes Gewicht in die Haltstellung zurückfallen.

*Bahnhofs-Abschluss-telegraph.*

*Stellung der Signalarme.*

Die englischen Distanzsignale haben im Allgemeinen
denselben Zweck, wie die durch §. 15 der deutschen
Signalordnung vorgesehenen Vorsignale; sie sollen dem
Locomotivführer schon auf eine grössere Entfernung die
Stellung des Hauptsignals bezw. des Bahnhofs-Einfahrts-

*Vorsignale.*

signals anzeigen. — Die für die Vorsignale gewählte Form verstösst jedoch insofern gegen das Princip, als dieselbe, den französischen vorgeschobenen Signalen nachgebildet, bei „freier Fahrt" kein Signal zeigt. Der wesentlichste Unterschied liegt aber darin, dass bei Dunkelheit das englische Distanzsignal, wenn es auf „Halt" steht, gleich dem französischen vorgeschobenen Signal, rothes Licht zeigt, während das deutsche Vorsignal grünes Licht zeigt. Beide Signale werden vom Zuge überfahren.

Hat ein Zug ein geschlossenes Vorsignal überfahren und hält derselbe vor dem geschlossenen Hauptsignal, so ist es für die Weiterfahrt des Zuges nicht mehr erforderlich, das Vorsignal zu öffnen; dieses kann sogar unter Umständen zu bedenklichen Missverständnissen Veranlassung geben. Es ist daher nicht zweckmässig, das Vorsignal mit dem Hauptsignal automatisch zu verbinden, vielmehr empfiehlt es sich, das Vorsignal mittelst eines besonderen Hebels zu stellen, jedoch von dem Hauptsignal derartig in Abhängigkeit zu setzen, dass es nicht eher geöffnet werden kann, als bis das Hauptsignal auf „freie Fahrt" gestellt ist, während anderseits das Vorsignal zu schliessen ist, bevor das Hauptsignal auf „Halt" gestellt werden kann. Das Hauptsignal kann alsdann beliebig auf „freie Fahrt" und „Halt" gestellt werden, während das Vorsignal geschlossen bleibt und einem etwa nachfolgenden Zuge „Halt" gebietet.

Die in Frankreich und England gemachten langjährigen Erfahrungen haben hinlänglich gezeigt, dass man die Laternen der Distanz- oder vorgeschobenen Signale bei Dunkelheit in derselben Weise durch rothes und grünes Licht blenden kann, wie die der Haupt- und Wegesignale, und dass das Ueberfahren eines roth geblendeten Distanzsignals, nachdem der Zug zuvor zum

Halten gebracht ist, unbedenklich gestattet werden kann, um so den Zug gegen einen aus irgend einer Veranlassung oder aus einem Versehen nachfolgenden Zug nochmals zu decken. Ein gleichmässiges Blenden der Distanz- und Hauptsignale bietet sogar wesentliche practische Vortheile. Denkt man sich eine durchweg mit Blocksignalen ausgerüstete Strecke, auf welcher ein reger Lokalverkehr herrscht, so werden die einzelnen Blockstationen wenig mehr als $\frac{1}{2}$ km von einander entfernt sein, und die Distanzsignalarme einer nachfolgenden Blockstation sich mit den Hauptsignalarmen der vorhergehenden Station an demselben Maste befinden. Sind nun sämmtliche Signalarme roth geblendet und kann der Locomotivführer bei günstiger Witterung eine grössere Strecke übersehen, so werden sich bei freier Strecke sämmtliche Signallichter bei Annäherung des Zuges der Reihe nach vor ihm aus roth in grün verwandeln. Sind aber die Distanzsignale in der Stellung auf „Halt" grün geblendet, so wird sich an jedem Maste eine rothe Hauptsignal- und darunter eine grüne Distanzsignallaterne befinden, welche sich bei der Stellung auf „freie Fahrt" in grün bezw. weiss verwandeln werden. Es seien mehrere aufeinanderfolgende Posten von Blockstationen, deren Entfernung unter einander ca. $\frac{1}{2}$ km beträgt, mit fortlaufenden römischen Zahlen bezeichnet. Ein bei dem Posten I angekommener Locomotivführer wird wegen der verschiedenen Leuchtkraft des grünen, rothen und weissen Lichtes, das grüne Licht des Postens II, das rothe Licht des Postens III und das weisse Licht des Postens VI mit annähernd gleicher Lichtstärke, weisse Lichter zwischenliegender Posten, also namentlich des Postens IV, entschieden deutlicher sehen, als die farbigen Lichter der Posten II und III. Dass durch diese überwiegend grosse Leuchtkraft des weissen Lichtes leicht Täuschungen vorkommen können, welche bei Anwendung von nur rothem und grünem Licht vermieden werden, dürfte einleuchten. Praktische Erfahrungen in dieser Beziehung mögen wohl in England Veranlassung gegeben haben, die Signallaternen der Haupt- und Distanzsignale gleichmässig zu blenden.

Bei Tage sind die Haupt- und Distanzsignale durch die verschiedenen Formen der Flügelenden genügend kenntlich.

Gegen das Princip, dass Roth unbedingter Haltbefehl ist, wird in keiner Weise verstossen. Trifft der Locomotivführer auf einen Signalmast, an welchem das Hauptsignal auf „freie Fahrt", das darunter befindliche Distanzsignal jedoch auf „Halt" steht, so weiss er, dass die nächste Section frei ist, die darauf folgende jedoch besetzt. Er hat instructionsgemäss sofort zu halten, dann aber vorsichtig in die noch freie Section zu fahren, um hinter dem Distanzsignal Schutz zu suchen. Diejenige Section, welche er eben verlassen hat, ist dann zur Aufnahme eines nachfolgenden Zuges frei.

Auch ist zu berücksichtigen, dass häufig Züge abgelassen werden müssen, ohne dass sie, in Folge von Störungen in den electromagnetischen Apparaten, vorher vorschriftsmässig abgemeldet sind, und dass die Deckung eines vor irgend einem Signale liegenden Zuges durch das Zugbegleitungs-Personal stets mit einem mehr oder minder grossen Zeitaufwand verbunden sein wird.

Die Distanzsignale sind sofort wieder auf „Halt" zu stellen, sobald die Maschine eines Zuges dieselbe passirt hat.

Die Locomotivführer der Reichseisenbahn in Elsass-Lothringen, welche Züge nach den französischen Uebergangsstationen bringen, fahren über das vorgeschobene Signal, wenn es auf „Halt" steht und rothes Licht zeigt, instructionsgemäss unbedenklich bis an den Schutzpfahl vor.

In der Generalversammlung des Vereins deutscher Locomotivführer, abgehalten zu Meiningen am 8. Juli 1882, wird über schlechtes Licht und zweifelhafte, ja selbst falsche Farbe an den Ein- und Ausfahrts-, sowie Abschluss- und Blocksignalen geklagt. Es wird namentlich angeführt, dass an Stelle des rothen Lichtes halb grün, halb roth, häufig aber an Stelle grünen Lichtes weisses erscheint. Wenn nun die getheilte Farbendeckung klar zum Ausdruck käme, so ist die Gefahr nicht gross, da der Locomotivführer, wenn er über die Bedeutung oder die Richtigkeit der gegebenen Signale in Ungewissheit ist, zu halten hat. Es ist das aber nicht der Fall, vielmehr tritt das weisse Licht, wenn es durch eine geringe Oeffnung der Blende oder neben derselben sichtbar wird, so stark hervor, dass die anderen Signalfarben verschwinden, der Locomotivführer sieht weisses Licht, wo er roth oder grün sehen soll, und eine gefahrbringende Täuschung liegt vor.

Abgesehen von einer etwa vorliegenden mangelhaften Construction der Laterne oder einer ungenügenden und nachlässigen Unterhaltung der Lampe, tragen die in neuerer Zeit vielfach mit Vorliebe direct mit den Signalarmen verbundenen Blenden, denen man eine genügende Grösse nicht geben kann, viel dazu bei, die Intensität des Lichtes zu dämpfen. Auch kann ein zweifelhaftes Blenden nur bei zu kleinen Scheiben vorkommen. Es empfiehlt sich daher, die zur Blendung bestimmten Scheiben in einem besonderen Rahmen zu befestigen, welcher gestattet, den Scheiben eine genügende Grösse zu geben, während der Rahmen selbst einen grösseren Ausschlag erhalten kann.

Der zur Sprache gebrachte Missstand, dass das weisse Licht, wenn es neben der Blende sichtbar wird, die anderen Farben unterdrückt und zu gefahrbringenden Verwechselungen Veranlassung geben kann, dürfte auf die Zweckmässigkeit hinweisen, das weisse Licht als Signalfarbe in Fortfall zu bringen und sich auf **Roth** für „**Gefahr**" und **Grün** für „**freie Fahrt**" zu beschränken.

*Handsignale.* Dass man mit rothem Lichte bezw. der rothen Fahne auch das Signal „**Langsamfahren**" geben kann, lehren alte deutsche Signalbücher. Früher hatte jeder Barrieren- oder Bahnwärter nur eine rothe Fahne oder eine Signallaterne mit weissem Licht, welche nur roth geblendet werden konnte, bezw. eine rothe Scheibe hatte. Sollte hiermit das **Haltsignal** gegeben werden, so wurde dem Zuge „**Roth**" gezeigt und so lange hingehalten, bis der Zug hielt; sollte dagegen nur das **Langsamfahrsignal** gegeben werden, so wurde das Roth wieder entfernt, sobald der Locomotivführer das Signal „Achtung" gegeben hatte.

Diese Signalisirungsweise hat vor derjenigen, bei welcher die Bahn- oder Barrierenwärter das Signal „Halt" mit **Roth** und das Signal „Langsamfahren" mit **Grün** geben, den grossen Vorzug, dass der betreffende Beamte sich nicht vergreifen und Grün statt Roth geben kann, durch welche Verwechselung schon wiederholt Unfälle herbeigeführt bezw. vergrössert worden sind.

*Form der Signalflügel.* Was die Form der Signalflügel betrifft, so kann sich jeder leicht davon überzeugen, dass ein schmaler langer Flügel ohne Wulste und Anhängsel, sofern das in England allgemein beobachtete Verfahren, demselben den Himmel als Hintergrund zu geben, beobachtet wird, sich im Vergleich zu allen übrigen Formen am deutlichsten markirt. Zur Unterscheidung der Distanz- von den Hauptsignalen genügt es, das Ende des Flügels schräg abzuschneiden oder demselben eine schwalbenschwanzförmige Gestalt zu geben. Nur bei ungünstiger Aufstellung der Signale und wenn etwa Bauwerke mit horizontalen oder verticalen Linien den Hintergrund für die Signalarme bilden, dürfte es erforderlich erscheinen, die Form der Flügel durch diagonale oder bogenförmige Linien zu markiren. Derartige Aufstellungen können jedoch leicht vermieden werden.

Die in §. 46 alinea 4 des Bahn-Polizei-Reglements vorgeschriebenen Perronsignale, welche bestimmt sind, um auf denjenigen Stationen, auf welchen eine Verbindung der Wärterposten am Bahnhofs-Abschlusstelegraphen mit der Station durch electrische Blockapparate oder Sprechapparate oder auf irgend einem anderen mechanischen oder electrischen Wege nicht besteht, von dem dienstthuenden Stationsbeamten für die Einfahrt der Züge optische Signale am Telegraphenmast geben zu lassen, dürften von sehr zweifelhaftem Werth sein, da bei längeren Stationen und trübem oder nebeligem Wetter der Wärter die Stellung der Arme nicht erkennen kann; auch lässt die Signalordnung Zweifel darüber aufkommen, ob dieselben für den Locomotivführer Giltigkeit haben oder nicht, und ob mittelst derselben zunächst dem Wärter am Abschlusstelegraphen das Signal „freie Fahrt", dann aber dem Locomotivführer das Signal „Halt" gegeben werden darf. Ist letzteres nicht der Fall, so würde ein Zug, für welchen die Einfahrt in die Station zwar frei, die Durchfahrt aber verboten ist, ausserhalb der Station vor dem Bahnhof-Abschlusstelegraphen liegen bleiben müssen, bis auch die Durchfahrt frei ist.

*Perronsignale.*

Ein Nachtrag zur deutschen Signalordnung bestimmt ferner: „Die Ablenkung in ein abzweigendes Geleise ist stets an demselben Telegraphenmast zu signalisiren, an welchem sich das Signal für das Verbleiben im durch-

*Signale für Abzweigungen.*

gehenden Geleise befindet". Hiernach würden, wenn mehr als zwei Abzweigungen von einem Geleise vorhanden sind, auch entsprechend mehr als zwei Arme unter einander statthaft sein.

*Möglichkeit falscher Signale.* Die Bestimmungen ad II, 3 der deutschen Signalordnung haben aber nur eine Abzweigung, also nur zwei Flügel bezw. zwei Laternen vorgesehen, von denen das eine Signal zeitweise unsichtbar gemacht wird.

Eine Signallaterne giebt die Fahrt für das durchgehende Geleise frei, zwei Laternen die für das abzweigende Geleise; da nun eine dieser Laternen den grössten Theil der Zeit geblendet ist, der controlirende Beamte also sich nicht die Ueberzeugung verschaffen kann, ob sie brennt oder nicht, so kann es leicht vorkommen, dass das Signal auf die Abzweigung gestellt ist, jedoch nur ein grünes Licht, also ein unrichtiges Signal zu sehen ist.

Hierbei kann ich nicht unterlassen darauf aufmerksam zu machen, dass das Signal ad 13 und ad II, 3 A der deutschen Signalordnung bei Dunkelheit dem Bahnhofe zugekehrt, grünes Licht zeigt, also ein reglementsmässiges Signal zum Langsamfahren, obgleich ein solches hier gar keinen Zweck hat.

Zur Vermeidung von Verwechselungen ist es zweckmässig, die Rückseite der Signallaterne, sofern dieselbe nicht zur Signalisirung für die entgegengesetzte Fahrrichtung mit benutzt wird, theilweise zu decken, den Rest durch eine Sammellinse zu schliessen um die Sichtbarkeit des brennenden Lichtes nach dem bedienenden Wärter hin zu erhöhen, und dieses dann durch blaues oder violettes Glas entsprechend zu blenden.

Die allgemeine Einführung von Distanzsignalen würde es möglich machen, die Bahnhofs-Einfahrtssignale unmittelbar an die Eingangsweichen der Bahnhöfe oder an die abzweigenden Weichen der Station oder an sonstige zu schützende Punkte zu setzen, und gleichzeitig als Wegesignale zu benutzen.

Wird dann von einer Station aus mit einem Zuge oder einem Theile desselben behufs Umsetzens oder Rangirens auf einer eingeleisigen Bahn über das Hauptsignal hinausgefahren, oder wird bei einer zweigeleisigen Bahn das andere Hauptgeleise gekreuzt, so ist die anschliessende Strecke zunächst zu blockiren und erst wieder frei zu melden, bezw. zu deblockiren, wenn der Zug hinter das Hauptsignal zurückgekehrt ist. Das Distanzsignal würde in diesem Falle keine genügende Deckung gewähren. *Sicherheits-Maassregeln.*

Die Entfernung zwischen Haupt- und Distanzsignal muss mindestens eine Zuglänge betragen, darf aber in keinem Falle länger sein, als die Entfernung zwischen zwei Haupt- oder Blocksignalen beträgt, in welchem Falle der Distanzsignalarm unterhalb des Hauptsignalarmes an demselben Maste anzubringen wäre. *Entfernung des Distanzsignals vom Hauptsignal.*

Einfahrtssignale sind durch das Bahn-Polizei-Reglement §. 1 vorgeschrieben. Ausfahrtssignale sind allgemein wünschenswerth, wo die Ausfahrtsweichen entfernt von der Station liegen, oder wo es sich um die Abfertigung langer Züge (Militärzüge), namentlich bei Kreuzungen derselben, handelt. Auch da, wo man einem Zuge, welcher die Station planmässig durchfahren soll, zwar die Einfahrt in den Bahnhof gestatten, die Ausfahrt jedoch verbieten will, und dieses wird bei allen kleineren und vielen mittleren Stationen vorkommen, sind Ausfahrtssignale durchaus am Platze. Bei Centralapparaten sind sie nothwendig, um die Stellung der Ausfahrtsweichen zu kennzeichnen. *Hauptsignale.*

Es wird hierbei darauf aufmerksam gemacht, dass in einem Zuge bis zu 120 resp. 150 Achsen laufen dürfen. Nun beträgt aber die Gesammtlänge eines Personenwagens *Nothwendigkeit die Länge der Züge zu bestimmen.*

und Packwagens ca. 9—10 m, die der neueren Güterwagen 8—8,50 m, sodass Züge von 550—600 m Länge, die Maschine nicht miteingerechnet, nicht zu den Unmöglichkeiten gehören. Für diese Länge werden die meisten Bahnhöfe nicht ausreichen, und da hierdurch bei Kreuzungen und Ueberholungen von Zügen leicht Unzuträglichkeiten entstehen könnten, dürfte es sich empfehlen, auch für die Maximallänge eines Zuges incl. Maschinen ein bestimmtes Maass festzusetzen, als welches etwa 450 m festzusetzen wären.

*Anlage von Bahnhöfen.* Soll eine Anhäufung von Signalen nicht stattfinden, so wird man schon bei der Anlage von Bahnhöfen darauf Rücksicht nehmen müssen, dass die durch die Signale zu deckenden Weichen möglichst nahe bei einander liegen, damit es nicht erforderlich wird, mehrere Signale kurz hintereinander aufzustellen.

Die Anlage von Centralapparaten bedingt überhaupt eine concentrirtere Anlage der einzelnen Weichengruppen bezw. in entsprechenden Abständen von einander.

Es empfiehlt sich, darauf zu sehen, dass in Bahnhöfen jedes Geleise nur in einer Richtung zu befahren ist, wodurch die Sicherheit des Betriebes wesentlich erhöht wird.

*Gruppirung der Signale.* Wo es erforderlich werden sollte, an einem Punkte wegen der verschiedenen Wege und Richtungen, welche ein Zug einschlagen kann, mehrere Signale aufzustellen, kann dieses in der Weise erfolgen, dass diese nebeneinander oder übereinander, oder auch neben- und übereinander angebracht werden. Mehrere Signale in kurzer Entfernung hintereinander aufzustellen empfiehlt sich nicht, da dieses eine Gruppirung von Signalen mit sich bringen würde, die zur Verwirrung leicht Anlass geben kann, indem namentlich bei Dunkelheit die Entfernung der einzelnen Signallaternen nicht genau beurtheilt werden kann, dieselben sich auch in Curven vielfach gegeneinander verschieben, ähnlich wie dieses auf grösseren Bahnhöfen mit den Weichensignalen der Fall ist.

Um die Aufstellung von zwei bis drei Masten unmittelbar nebeneinander zu vermeiden, kann man auch einen Mast aufrichten, welcher sich ausserhalb des frei zu haltenden Profils in einer der Anzahl der Geleise entsprechenden Anzahl von Masten gabelt, welche, je nach der Wichtigkeit des daran befestigten Signals, eine grössere oder geringere Höhe erhalten können. *Combinirung von Masten.*

Die einzige Art, ein richtiges Bild von den verschiedenen Wegen zu geben, welche in einer durch einen Centralapparat bedienten Weichengruppe vereinigt sind, dürfte nur die sein, die Signale wie in England zu einem nach beiden Seiten hin sichtbaren Bilde zu gruppiren. Jeder Bezirk einer Blockstation oder eines Centralapparats, mag letzterer dazu bestimmt sein, eine Abzweigung oder die Ein- und Ausfahrt in eine Station mit mehr oder minder entwickelter Geleisanlage zu bedienen, bildet hierbei eine Station für sich und ist mit den entsprechenden Wege- und Distanzsignalen zu versehen. Sollte der Bezirk zu gross sein, oder die örtlichen Verhältnisse — Lage in einem Einschnitt oder einer Curve etc. — es nicht gestatten, die Wegesignale in einem Bilde übersichtlich zu vereinigen, oder einzelne Signale mit der erforderlichen Deutlichkeit sichtbar erscheinen zu lassen, oder sollte der Bezirk nicht gross genug sein um einen ganzen Zug aufzunehmen, so dass an jedem Ende desselben ein vollständiges Signalbild mit Ein- und Ausfahrtssignalen aufgestellt werden kann, so wären an jedem Ende desselben nur Ein- bezw. Durchfahrtssignale als Wegesignale aufzustellen. Es wäre hierbei das Princip festzuhalten, dass für jedes Stammgeleise ein Mast zu errichten ist und demselben so viel Arme zu geben sind, *Signalbild.*

als Wege im Bereich des Apparats von diesem Stammgeleise aus möglich sind. Die Nummerirung der Wege bezw. Geleise und der entsprechenden Signalarme dürfte in der Weise zu erfolgen haben, wie es sich bei den englischen Bahnen bewährt hat und auch bei den belgischen Staatsbahnen eingeführt worden ist, nämlich von links nach rechts und von oben nach unten gezählt.

Es muss besonderer Werth darauf gelegt werden, dass der Locomotivführer, welchem vorher bekannt gegeben ist, in welches Geleise er einzufahren hat, auch sieht, ob der für ihn bestimmte Weg geöffnet ist. In zweifelhaften Fällen wird er zu halten und Instruction einzuholen haben.

*Weichensignale.* Als Weichensignale empfehlen sich Laternen mit quadratischer Grundform, welche nach dem durchgehenden Geleise hin auf zwei einander entgegengesetzten Seiten, weisses Licht, bezw. weisse Scheiben und auf den beiden anderen Seiten grünes Licht, bezw. grüne Scheiben zeigen. Stehen sämmtliche Weichen auf das durchgehende Geleise gerichtet, so sieht sowohl der Locomotivführer als auch der controlirende Stationsbeamte in einer entsprechend langen Reihe von Signalen ausschliesslich weisse Scheiben bezw. weisses Licht. Weicht eine oder die andere Weiche ab, so sehen beide Beamten an dieser Weiche grünes Licht oder eine grüne Scheibe.

Derartige Laternen waren früher auf der Bergisch-Märkischen Bahn im Gebrauch und erleichterten ungemein die Uebersicht, leuchteten auch bei Dunkelheit wesentlich besser als die jetzt gebräuchlichen mit Milchglasscheiben, bei denen ein nicht geringer Theil der Laterne durch Blech gedeckt ist.

*Functionen der Stationsvorsteher und der Signalwärter.* Weder in Frankreich noch in England und Belgien beschäftigt sich der Stationsvorsteher oder sein Vertreter mit der Annahme und Abmeldung von Zügen, was lediglich Sache der Signalwärter und deren Gehilfen ist; seine Pflicht ist es vielmehr, für rechtzeitige Freistellung der betreffenden Geleise Sorge zu tragen. Diese Anordnung erscheint recht zweckmässig, da sie verhindert, dass der Stationsvorsteher bei dieser wichtigen Arbeit durch Aufbürdung anderer Functionen, welche ebenso zuverlässig von den Signalwärtern mitversehen werden können, behindert wird. Einen Beamten, welcher draussen im Bahnhofe mit Freistellung der Geleise beschäftigt ist, kann man auch nicht gut verpflichten, bei lebhaftem Verkehr gleichzeitig von einem Bureau aus Aufträge an einen Signalwärter zu geben, welcher von seinem Standpunkte aus die Situation im Bahnhofe ebensogut, wenn nicht besser, übersehen kann als der Beamte im Bureau. Weder in London noch in Brüssel habe ich Einrichtungen gefunden, welche eine Verständigung zwischen diensthabenden Stationsbeamten und Signalwärtern zum Zweck hatten.

Es können jedoch Verhältnisse vorkommen, wo entweder die Bahnhofsanlagen für den Verkehr nicht genügen, oder ein nicht angemessen construirter Fahrplan chronische Verspätungen von Zügen mit sich bringt, so dass es dem dienstthuenden Beamten nicht immer möglich ist, die für die zu erwartenden Züge bestimmten Geleise frei zu machen. Für diese Fälle erscheint es nothwendig, dem Stationsbeamten ein Mittel in die Hand zu geben, den Signalwärter an dem Oeffnen des betreffenden Einfahrtssignals zu hindern. Dieses Festlegen einzelner Signale kann sowohl auf mechanischem als auch electromagnetischem Wege sehr leicht bewerkstelligt werden.

Den Zeitangaben in den Rapporten der Zugführer dürfte, wenn es sich darum handelt, die Abfahrtszeiten von den einzelnen Stationen und namentlich die Fahr-

<small>Selbstthätige Controlapparate.</small>

geschwindigkeit zwischen denselben genau festzustellen, ein besonderer Werth nicht beizulegen sein, da Verspätungen in den Abgangszeiten der einzelnen Züge vielfach im Einvernehmen zwischen Stations- und Zugpersonal nicht richtig eingetragen werden, um Nachfragen der controlirenden Dienststelle zu vermeiden. Gelegentlich verhängte, auch noch so strenge Strafen sind erfahrungsgemäss ohne besondere Wirkung. Die Signalwärter sind beim Betriebsdienste weniger betheiligt und würden die Notirungen der Durchfahrtszeiten der Züge seitens dieser genauer ausfallen, als diejenigen der Stationen oder Zugführer.

Es dürfte sich daher die allgemeine Einführung von Apparaten empfehlen, bei denen jeder Zug seine Durchfahrt auf einem mit der Uhr der Signalstation, in Verbindung stehenden Controlstreifen selbstthätig markirt.

Zur Verständigung der Signalstationen untereinander werden die in Deutschland allgemein üblichen Morseschreibapparate wohl noch lange ausreichen, bevor es nöthig wird, dieselben durch einfachere und schneller arbeitende Vorrichtungen zu ersetzen.

*Selbstthätige Signale.*

Es erscheint ferner wünschenswerth, namentlich bei Blockstationen, dass die Signalarme, welche für einen Zug geöffnet werden, durch den Zug selbst selbstthätig wieder auf „Halt" gestellt werden, damit dieselben nicht etwa einmal aus Vergesslichkeit auf „freie Fahrt" stehen bleiben.

Mit Hilfe electromagnetischer Vorrichtungen würde es auch nicht schwer werden, von einem Signalposten aus das Hauptsignal einer vorliegenden Station auf freie Fahrt zu stellen, wie in Frankreich, oder dieses Signal unter directem Verschluss zu halten bezw. frei zu geben.

## SCHLUSS-BEMERKUNG.

Es scheinen dergleichen electromagnetische Vorrichtungen jedoch noch nicht mit derjenigen Zuverlässigkeit zu arbeiten, welche die Sicherheit des Betriebes erfordert. Die auf diese Art möglichen Maassnahmen, den Betrieb zu sichern, sind sehr zahlreich, doch sind die dadurch bedingten Einrichtungen nicht allein sehr kostspielig, sondern es wird auch an Personal nichts erspart, da dieselben einer ständigen Beaufsichtigung bedürften. Es wird daher in jedem einzelnen Falle einer reiflichen Ueberlegung bedürfen, wie weit man gehen kann, um nicht des Guten zu viel zu thun und durch eine zu grosse Ausdehnung der Anwendung selbstthätiger Vorrichtungen die Aufmerksamkeit des betreffenden Personals einzuschläfern.

*Schluss-Bemerkung.*

Wird zum Schlusse kurz zusammengefasst, was aus den im vorliegenden Werkchen erörterten Gründen anzustreben und was zu vermeiden ist, so ist dieses:

Beseitigung des weissen Lichtes als Signalfarbe, weil dasselbe zu gefahrbringenden Täuschungen Veranlassung geben kann.

Ausschliessliche Einführung von Flügelsignalen für den Fahrdienst.

Allgemeine Einführung von Vorsignalen, welche von der Stellung der Hauptsignale abhängig sind, und dem Locomotivführer schon auf grosse Entfernung die Stellung dieser anzeigen.

Einführung des Blocksystems in Verbindung mit der Anlage von Centralapparaten, welche die Stellung der Signale und Weichen in gegenseitige Abhängigkeit bringen.

## Schluss-Bemerkung.

Vereinfachung des Betriebsdienstes durch Trennung grösserer Bahnhöfe in mehrere selbstständige Stationen, welche nach jeder Richtung durch Signale abgeschlossen sind.

Organisation eines selbstständig arbeitenden Personals für den Signaldienst, um durch Theilung der Arbeit der Ueberbürdung einzelner Beamten vorzubeugen.

Anlage einfacher selbstthätiger Apparate zur Controle des Fahrdienstes.

Schulung eines tüchtigen und zuverlässigen Personals durch frühzeitige Heranziehung jugendlicher Kräfte zum Signal- und Betriebsdienst.

# Sachregister.

Abhängige Signale 49. 50.
Abschlusstelegraphen 67.
Abzweigungen
» belgischer Bahnen 60.
» deutscher » 73.
» englischer » 26. 50.
» französischer » 25.

**B**ahnhöfe 16.
» , Anlage der 76.
» , Brüssel-Nord 60.
» , Cannon-Street 27. 51.
» , London-Bridge 40.
Betriebsdienst 33. 56. 63. 78.
Betrieb, Sicherung 65. 75.
Blocksignale 18. 67.
» stationen 50.
» system 9. 64.
» » , facultatives 47.
» » , französisches 42.

Centralapparate 18. 27. 61.
» , Aufstellung 16. 58.
Chappe, Versuche 5.
Compensationsvorrichtungen 19. 30.
Controlapparate 79.
Correspondenzscheiben 22.

**D**eutsche Signalordnung 65.
Disques avancés 12. 18.
» speciaux 20.
Distanzsignale 16. 51. 59.
Doppelbahnen 50.
Druckschienen 31.

Electrosemaphoren 43.
» , Handhabung 44.

**F**ahrgeschwindigkeit 10.
Fahrsignale 18.
Farbiges Licht 6.
Flügelsignale 66.

Glockenapparate 34.
» , Handhabung 34.

**H**andsignale 7. 72.
Hauptsignale 18. 66.
Hintergrund der Signale 23.
» , künstlicher 24.

Klingelwerke 19.

**L**euchtkraft farbigen Lichtes 6.
Locomotivsignale 42. 54.

Nadelapparate 37.
Nebensignale 53.

**O**ptische Signale
» , Aufstellung 11. 20.
» , feststehende 7.
» , Handsignale 7.
» , Sichtbarkeit 6. 10.

**P**edale (Druckschienen) 31.
Perronsignale 73.
Poteau de protection 14. 26.

**R**angirsignale 7. 54.
Raumdistanz 33.

# Sachregister

Schutzpfahl 14. 26.
Semaphoren
» , englische 22.
» , französische 43.
Semaphorenapparate 37.
» , Handhabung 38.
» , Vorzüge 39.
Sichtbarkeit der Signale 6. 10.
Signalarme 24.
» , Anordnung 51. 52. 58.
» , Bezeichnung 51. 59.
» , Stellung 23. 67.
» . Unterschied 24.
Signalbilder 55. 62. 77.
Signalbrücken 16. 58.
Signale
» , Abschluss- 67.
» , Ausfahrts- 18. 75.
» , Block- 18.
» . Distanz- 51. 59. 61. 66.
» , Einfahrts- 75.
» , Fahr- 18.
» , Gruppirung der 76.
» , Hand- 62.
» , Haupt- 18. 66.
» , Rangir- 7. 54.
» . Selbstthätige 80.
» , Stations- 18.
» , Vor- 67.
» , Wege- 18. 27.
Signalfarben 7. 23. 68.
» flügel 72.
» laternen 20. 24. 58. 74.
» maste 22.
» » , Aufstellung 20. 59. 61.
» » , Combinirung 77.

Signalmaste, Höhe 23.
Signalsystem 64.
» » , belgisches 58.
» » , deutsches 65.
» » , englisches 4. 49. 64.
» » , französisches 9. 64.
Signaux à bras mobil 21. 26.
South Eastern-Eisenbahn 40.
Specialscheiben 20. 26.
Spiegel-Armsignale 21. 26.
Stationen
» , Block- 50.
» , Grössere 51.
» , Zwischen- 50.
Stationsdistanz 9. 12.
» signale 18.

Train Describer 41.

Ueberwege-Niveau 16. 29.

Verriegelung 28. 29.
Vorgeschobene Scheiben 12. 18. 26.
Vorsignale 67.

Wegesignale 18. 27.
Weichenriegel 30. 61.
» signale 21. 25. 78.
» laternen 21. 78.
» verschlüsse 54.
Wiederholungssignale 25.

Zählapparate 36.
Zeitabstand 9. 33.
Zeitdistanz 8.
Zugbezeichnung 42.
Zuglänge 75.